아쿠아스케이프 클래스

— 나의 첫 수초 정원 만들기

우리 모두는 각자의 이야기를 가지고 살아갑니다.
이야기로 콘텐츠를 만들고, 콘텐츠로 교육을 이어
다음 세대를 위한 더 좋은 세상을 만드는 일,
성신미디어의 비전입니다.
여러분의 이야기를 기다립니다.

이메일　　book@sungshinmedia.com
인스타그램　@ssmedia_official

아쿠아스케이프 클래스

— 나의 첫 수초 정원 만들기

김상현 지음

성신미디어

저자 서문

한 번도 만나보지 못한 세상, 아쿠아스케이프. 새로운 세상을 눈에 담는 일은 언제나 흥분됩니다. 어떠한 문학적 상상력을 동원하더라도 물속 세상의 경이로움은 말로 표현하기 힘듭니다. 처음 아쿠아리움을 찾았을 때, 평평한 유리 너머 살아 움직이는 물고기와 식물들을 보았던 날을 기억합니다. 어느새 아이처럼 들떠 있는, 유리에 비친 제 모습을 발견했습니다. 집에 돌아와 만드는 방법도 잘 모른 채로 시작해 꼬박 밤을 새우고 수조를 완성한 날, 피곤도 잊은 채 밤낮없이 수조를 들여다보며 어린아이의 마음으로 며칠을 보냈던 기억이 납니다. 수초와 물고기를 키우기 시작한 지 여러 해가 지났지만, 여전히 물속 세상은 신비롭고 새롭습니다.

  지구의 물은 97.5%가 바닷물이고, 2.5%의 담수에서 빙하와 만년설을 제외하면 식물이 사용할 수 있는 물은 0.75% 밖에 되지 않습니다. 그렇기에 지구상 극히 일부분의 물에서 자라는 수초를 키우는 일은 희귀하고 별난 취미입니다. 아쿠아스케이프를 즐기는 독자 여러분 또한 희소의 가치를 아는, 심미안을 가진 사람이라 생각합니다. 부디 수초를 처음 심었을 때의 순수하고 진지한 마음이 변치 않길 바랍니다.

  『아쿠아스케이프 클래스』는 누구나 아쿠아스케이프를 이해하고 따라할 수 있도록 쉽고 간결하게 설명하였습니다. 처음 아쿠아스케이프를 접하는 독자도 하나하나 따라하면 어느새 멋진 수조를 완성할 수 있습니다. 학술적 정보들은 농업과 원예업에서 활용되는 내용을 기반으로 서술하였고, 수초의 이름은 학명으로 표기했으며 라틴어 고전 발음을 따릅니다.

  이 책은 많은 분들의 도움으로 세상에 나왔습니다. 특히 출간을 제안해 주신 성신미디어 관계자분들과 삽화를 그려주신 황하늬 님, 사진 촬영에 많은 도움을 주신 정재우 님과 전성권 님 그리고 항상 응원해주는 가족에게 진심으로 감사의 마음을 전합니다.

김 상 현

목차

저자 서문   5

PART 1 아쿠아스케이프 Aquascape

Chapter 1 물생활의 시작과 발전

아쿠아스케이프의 여러 형태   15
디오라마 / 네이처 아쿠아리움   17
이와구미 / 비오톱   19
더치 / 비바리움   21

Chapter 2 아쿠아스케이프 준비

기본 장비   28
수조 - 물속 세계의 크기   29
여과기 - 물의 상태 관리   35
히터와 냉각기 - 물의 온도 관리   42

생태환경 구성 장비   45
조명 - 식물의 광합성을 위한 빛   46
이산화탄소 - 수초의 호흡   50
바닥재 - 수소 이온 농도의 조절   54
영양분 - 수초의 성장과 번식   59
소재 - 돌과 유목   65

기타 장비와 도구				71
가위	73	핀셋		74
샌드 플래트너	75	수평계		76
페인트 붓	77	수질 측정 도구		78
뜰채	79	윤활제		80
자석	81			

Chapter 3 아쿠아스케이프 실습

STEP 1. 기본 장비의 위치 설정	86
STEP 2. 하드스케이프	88
STEP 3. 수초와 이끼 심기	98
STEP 4. 물 채우기	104
STEP 5. 기본 장비의 설치와 물잡이	106

PART 2

수초
Aquarium plants

Chapter 4 수초의 구분

배치에 따른 구분 · 114
전경 수초 / 중경 수초 / 후경 수초 · 117

빛을 선호하는 정도에 따른 구분 · 119
음성 수초 120 양성 수초 121

수초의 형태와 특성에 따른 구분 · 122
경엽 / 근경 124 총생 / 구근 125
부엽 / 양치 126 이끼 127

Chapter 5 수초의 선택과 식재

건강한 수초 선택법과 주의사항 · 134
수초의 건강 상태 확인과 유지 · 135

수초의 판매 형태에 따른 손질과 식재 · 140
줄기형 수초 142 포트형 수초 144
조직배양형 수초 146 활착형 수초 148

Chapter 6 수초의 트리밍과 번식

수초 다듬기 · 154
기본적인 트리밍 방법 · 155
노화 및 손상에 의한 트리밍 · 158

수초 번식하기 · 160
줄기형 수초의 번식 · 161
포복형 수초의 번식 · 162
근경 분할 번식 · 164
포기 나누기 번식 · 165
포자 번식 · 166

Chapter 7 수초의 영양 관리

수초의 영양 상태 확인하기   170
pH · GH · KH   172
유용한 지표 TDS   173
pH와 KH로 적정 CO_2 농도 확인하기   174

영양소별 결핍에 따른 증상   176
그림으로 알아보는 영양소별 결핍 증세   177

수중 환경 상태의 파악과 영양 보충   184

Chapter 8 조류의 관리

조류와 이끼의 구분   187

다양한 조류   188

갈조류	189	녹조	190
녹점 조류	191	솜털 조류	192
붓 조류	193	머리카락 조류	194
실 조류 등	195	개구리알 조류	196
사슴뿔 조류	197		

수초 갤러리   200

PART 1

아쿠아스케이프

Aquascape

아쿠아스케이프Aquascape의 사전적 의미는 '물이 있는 풍경'으로, 물속에 자연의 풍경을 만드는 작업을 말한다. 다양한 수초를 키우거나 돌과 나무 같은 자연의 소재를 사용할 수 있고, 심지어 식물 없이도 경관을 만들 수 있다. 아쿠아스케이프는 풍경을 만드는 작업과 더불어 식물들의 성장과 관리 및 유지까지 고려하여 물속에 정원을 만드는 일이다.

   물속에 자연의 풍경을 담는 것은 화분에 식물을 심고 기르는 작업과는 다르다. 육면체의 유리 상자 안에 수초와 기타 소재로 생태계를 구성하고 생명이 살 수 있는 환경이 유지되도록 꾸준히 관리해야 한다. 결론적으로, 물속의 환경요소를 재현한 상태에서 심미적인 요소를 더하는 예술 작업이 곧 아쿠아스케이프다.

   캔버스에 그려진 정적인 그림이 아닌, 살아 움직이는 생명체를 소재로 작품을 완성하는 매력을 가진 아쿠아스케이프를 만나보자.

Chapter 1 ─── # 물생활의 시작과 발전

사람들은 오래전부터 자연을 소유하고 싶어 하는 욕망을 가지고 있었다. 생존을 위해 동식물을 사냥해 먹는 차원에서 더 나아가 거주하는 공간에 자연을 들여왔다. 꽃이나 나무를 화분에 심어 실내로 가져오고, 동물을 기르기도 한다. 물고기 역시 마찬가지다. 사냥한 물고기를 먹기 위한 목적으로 양식하거나 관상의 목적으로 집에 들여왔다. 이렇게 물이 가득 찬 어항을 집안에 들이는 일에서부터 '물생활'이 시작된다.

물생활. 물에서 자라는 생물을 키우는 취미를 통틀어 지칭하는 신조어로 사용되고 있다. '취미'가 아닌 '생활'이라는 단어가 쓰이는 이유를 생각해 보면, 반려동물을 기르는 것과 비슷하기 때문인 듯하다. 물속의 생물들과 함께 시간을 보내면서 친구처럼, 또는 가족처럼 교감하기도 하고 마음을 위로받기도 한다. 이렇게 삶을 함께하면서 취미가 아닌 일상의 한 부분이 되는 것이다.

취미가 생활이 되려면 물속의 친구들이 어떤 환경에서 건강하게 잘 자랄 수 있는지 알아야 한다. 단순히 기포 발생기를 설치하고 물을 정기적으로 갈아주는 것을 넘어 생물이 살 수 있는 환경을 이해하고, 빛·영양분·미생물과 같은 모든 환경요소를 유리 어항 안에 실제 자연처럼 재구성해 주어야 한다. 자연은 자정 능력이 있지만, 집에서 하는 물생활의 제한적인 생태계는 전적으로 사육자의 책임이다. 만약 물생활을 처음 시작한다면 물고기나 다른 생물을 넣기보다 수초만 먼저 수조에 들여서 시작해보길 권한다. 관리의 부주의나 실수로

키우던 생물이 죽는다면 처리할 때 심리적인 부담을 받을 수 있기 때문이다.

  다양한 정보와 전문화된 제품들이 쏟아져 나오는 현대사회이니만큼, 물생활을 위한 도구와 재료도 더욱더 전문적이면서도 사용하기 쉽게 진화하고 있다. 불과 10여 년 전만 해도 생각할 수 없었던 정교하고 세분된 제품들이 계속 개발되고 있으며, 운송 수단의 발달 덕분에 금보다 비싼 가격을 자랑하는 물속 생물들을 지구 반대편에서도 손쉽게 만나볼 수 있게 되었다. 그야말로 물생활의 황금기가 도래한 것이다.

아쿠아스케이프의 여러 형태

2000년대 초반의 아쿠아스케이프 대회에서는 '수조 안의 구성을 얼마나 정갈하고 예쁘게 배치했는가?', '구조적으로 아름다운가?', '수초를 잘 키웠는가?'를 중심으로 작품을 평가했다. 이후 2004년 즈음부터 산이나 계곡을 형상화하는 작품들이 나오기 시작하였고 차츰 묘사가 정밀해지며 아쿠아스케이퍼 각자의 스타일을 보여주는 작품들이 등장하고 있다.

현재 아쿠아스케이프는 구상적인 작품과 추상적인 작품으로 구분할 수 있는데, 디오라마와 비오톱처럼 사실적인 모습을 그대로 재현하는 레이아웃을 구상적인 작품이라 할 수 있다.

구상적인 작품에는 여러 도구를 활용하여 보다 사실적으로 연출하는 방법도 있다. 거울을 소재 사이에 설치하고 빛을 반사시켜 공간이나 물을 표현하고, 추가적인 조명을 이용하여 해와 달을 표현하는 방법 등 여러 기발한 아이디어로 연출이 가능하다.

그 외의 스타일은 추상적인 레이아웃으로 볼 수 있다. 자연의 모습이나 형상을 이미지와 분위기로 표현하는 작품으로는 네이처 아쿠아리움의 스타일이 대표적인 추상적 작품이라고 말할 수 있다.

이러한 스타일의 구분은 무엇이 더 우수하거나 아름답다고 선 그을 수 없으며, 작가의 표현 의도와 감상하는 시각에 따라 차이가 있을 뿐이다. 다만, 자연 그대로를 묘사한 스타일보다는 작가의 예술성을 평가하는 추세로 점차 변화하고 있다.

원근법을 살린 디오라마

대자연의 생태계를 재현하는 네이처 아쿠아리움

디오라마 Diorama

디오라마는 모형과 풍경을 축소하여 만드는 기법이다. 원근법을 활용하는 것이 중요한데, 보통 돌과 나무를 붙이거나 적절하게 배치하여 원근감을 만든다. 다른 수초에 비해 다루기 쉬운 이끼를 활용해 원근법을 살린 사실적인 자연을 표현한다.

최근 몇 년간의 IAPLC 수상작을 살펴보면 숲, 계곡, 산맥 같은 자연을 재현한 디오라마 레이아웃이 대부분을 차지하고 있다. 근래에는 원근감을 사실적으로 표현한 배열이 대회 상위권을 휩쓸며 세계적으로 유행하고 있다.

IAPLC The International Aquatic Plants Layout Contest
국제 수생 식물 레이아웃 콘테스트. 공식 홈페이지(iaplc.com)에서 지난 수상작들을 볼 수 있다.

네이처 아쿠아리움 Nature Aquarium

네이처 아쿠아리움은 일본 ADA Aqua Design Amano사의 창립자 다카시 아마노 Takashi Amano가 최초로 제안한 레이아웃으로, 자연에서 영감을 받은 하나의 아름다운 이미지를 수조 안에 표현하는 것이다. 네이처 아쿠아리움은 대자연의 생태계를 그대로 재현하는 아름다움을 중요하게 생각한다. 자연과 똑같은 모습을 만든다는 점은 디오라마와 유사하지만 이미지, 즉 상像을 추상적으로 재현한다는 차이가 있다. 또한 식물의 성장환경까지 실제 자연에 가깝게 구현하는 것이 특징이다.

ADA Aqua Design Amano
1992년 일본의 타카시 아마노가 설립한 회사로 아쿠아스케이프의 많은 체계를 확립하였다.

정원석 배치로 동양의 정적인 아름다움을 표현한 이와구미

한 지역의 환경을 그대로 재현한 비오톱

이와구미 Iwagumi

이와구미는 일본의 정원석 배치를 물속에 재해석한 레이아웃이다. 이와구미 역시 다카시 아마노가 제안한 형태이며, 실제 정원석 배치와 아쿠아스케이프의 이와구미가 정확하게 일치하지는 않는다. 한정된 수초들과 돌의 배치만으로 동양의 정적인 아름다움을 표현하려는 특징이 있다.

비오톱 Biotope

사전적 의미의 비오톱은 생물군의 서식 공간을 뜻한다. 아쿠아스케이프에서의 비오톱이란 한 지역의 환경을 그대로 재현하면서 그곳에 사는 소재들로 아름다움을 표현하는 레이아웃이다. 수질뿐만 아니라 수초, 모래, 물의 탁한 정도, 썩은 나무, 퇴적된 나뭇잎까지 현지의 환경을 그대로 구현한다는 특징이 있다.

네덜란드의 정원처럼 화려한 수초로 구성한 더치

동식물을 키우기 위해 조성한 비바리움

더치 Dutch

더치는 형형색색의 꽃들을 정갈하게 배열한 것처럼 화려한 구성을 수초에 적용한 스타일이다. 더치 레이아웃으로 만들어진 수조는 네덜란드의 정원처럼 기하학적이고 대칭적인 구도로 화려한 색감의 수초를 배치하고 구성하는 것이 특징이다. 최소한의 요소만으로 동양미를 보여주는 이와구미 스타일과는 대조적인 인상을 준다.

비바리움 Vivarium

비바리움은 라틴어로 '생명의 공간'을 뜻한다. 연못, 수족관, 비닐하우스 또는 펭귄을 키우는 냉방 사육장까지, 생물을 키우는 거의 모든 공간을 일러 포괄적인 의미에서 비바리움이라고 할 수 있다. 그러나 국내에서는 열대 동식물을 키우기 위해 사육장 환경을 조성하는 것에 한정하여 정의하는 편이다.

아쿠아스케이프의 스타일을 정확히 구분하는 기준은 없지만, 나름 뚜렷한 특징을 가진 대표적인 레이아웃을 알아보았다. 단순히 물고기를 기르는 것이 아닌 수조 속 환경을 꾸미고 아름다움을 부여하는 것은 우리가 살아가는 집을 짓고 꾸미는 일과 닮아 있다. 집을 고를 때 도심 속 모던한 디자인의 아파트를 좋아할 수도 있고, 따듯한 햇살이 들어오는 마당이 있는 집을 좋아할 수도 있다. 그렇기에 사람의 성향과 필요에 따라 공간의 형태가 바뀌는 것처럼, 창작자의 목적과 표현 방식에 따라 물속의 모습 역시 달라지게 된다. 물고기가 살아가는 것에 중심을 둔다면 자연의 모습을 그대로 구현하는 비오톱 형태가 될 것이고, 휴식을 목적으로 해 편안한 녹색을 오래도록 즐기고 싶다면 이와구미나 네이처 아쿠아리움의 형태가 적절할 것이다.

자연을 소재로 만드는 아쿠아스케이프가 취미로 자리 잡은지 얼마 되지 않은 만큼, 앞으로도 계속해 다양한 형태의 레이아웃이 소개되고 발전될 것으로 기대한다.

다양한 종류의 비바리움

자연의 생물을 관찰하거나 연구하기 위한 목적으로 사육하는 공간을 일컫는 비바리움의 종류는 키우는 대상이 무엇인가에 따라 아쿠아리움, 테라리움, 와비쿠사, 팔루다리움, 펭귄나리움, 인섹타리움 등 여러가지로 표현할 수 있다. 국내에서는 테라리움과 와비쿠사가 인기를 끌고 있다. 이들 역시 아쿠아스케이프와 같거나 비슷한 취미생활이라 할 수 있다.

❶ 테라리움 Terrarium
테라리움은 작은 그릇에 조그만 소품, 나무, 돌, 이끼와 식물만으로 꾸민다. 실내에서도 조명 없이 쉽게 키울 수 있어 홈가드닝의 유행과 더불어 주목받고 있다.

❷ 와비쿠사 Wabi Kusa
와비쿠사는 일본 ADA사의 제품명으로, 공 형태의 구조물에 식물을 감아 키우는 방법이다. 기본적으로 수생식물을 사용하기 때문에 물속과 물 밖에서도 키울 수 있는 제품이며, 이를 이용한 작품 형태를 통칭하는 용어로 쓰이고 있다.

❸ 팔루다리움 Paludarium
팔루다리움은 열대우림이나 늪지대를 형상화한 것으로 물 아래로는 아쿠아리움을, 물 위로는 식물을 배치해 만든다.

❹ 펭귀나리움 Penguinarium
펭귄이 살 수 있는 환경을 만들어주는 형태이다. 물이 있어야 하고 상온보다 낮은 온도를 유지해야 하며, 인공 눈을 뿌려주기도 한다.

Chapter 2 ─── 아쿠아스케이프 준비

    물생활을 시작하는 이유는 사람마다 다르겠지만, 대체로 지상에서 볼 수 없는 물속의 아름다움에 매력을 느끼고 그 안에서 살아가는 생물들의 활동을 관상하기 위함일 것이다.

    아쿠아스케이프를 본격적으로 시작하려고 마음먹었다면 가장 먼저 해야 할 고민은 '무엇을 기를 것인가'이다. 어떤 식물 또는 생물을 기를 것인가에 따라 수조를 선택하고 환경을 조성하는 방법이 달라지기 때문이다. 무엇을 기를 것인지 명확히 정하고 나면 그 생물에 맞는 수조의 크기를 선택하고 수조의 물 상태를 깨끗하게 유지할 수

있는 기본 장비를 준비한다. 물속 생물을 기르는 일은 생각보다 어렵지 않다. 수조와 여과기, 그리고 히터 또는 냉각팬을 이용해 깨끗하고 적정한 온도의 물 상태를 유지하면 되기 때문이다.

수조라는 공간의 물을 깨끗하고 적정한 온도로 관리할 수 있는 기본적인 요소를 준비하였다면 수조에서 살아갈 생물들에게 필요한 생태계를 조성해야 한다. 수초만 기를 수도 있고, 물고기나 새우 같은 작은 생물들을 넣어 함께 기를 수도 있다. 이제 이 생명체들을 '자연과 같은 환경에서 자라게 하려면 무엇이 필요할까'를 고민해보자.

이번 장에서는 아쿠아스케이프를 시작할 때 필요한 기본 장비들과 생태환경을 구성하는 장비를 설명한다. 각각의 요소들은 어느 하나라도 빠지면 균형이 깨지는 유기적인 관계이기 때문에 선택에 주의해야 한다.

기본 장비

수초나 수중생물을 키우기 위한 필수적으로 필요한 장비들에 대해서 사람의 생활과 비교하여 생각해 보자. 사람이 생활하려면 가족구성원에 적합한 크기의 집이 필요하며, 목적에 따라 집의 형태가 달라질 수 있다. 그래서 일반적인 사각형 수조일 수도 있고, 앞 유리가 개방된 구조이거나, 수생식물과 양서류를 함께 키우는 팔루다리움은 생물의 탈출을 막기 위해 숨구멍만 남기고 밀폐시키는 구조가 필요할 수도 있다.

사람의 경우 직접 청소를 할 수 있지만 동식물들은 그럴 수 없기에 수조 환경을 깨끗하게 유지하고 관리해 줄 청소 용품들이 필요하며 그 중 가장 중요한 용품은 여과기이다. 수조의 크기와 환경에 따라 적절한 여과기가 선택되었다면, 온도조절 기구를 생각해야 한다. 사람으로 따지면 에어컨과 보일러를 예로 들 수 있다. 생물의 특성에 따라 적당한 규격의 냉각기나 히터를 설치하자. 필수 장비들은 종류도 가격도 다양하므로 자세히 알아보자.

수조에 필터(좌)와 히터(우)를 설치한 모습.

수조 - 물속 세계의 크기

많은 입문자가 공간, 비용, 관리의 두려움 등 여러 가지 이유로 가급적 작은 수조로 시작하려고 한다. 물론 가로 기준 30cm 미만의 작은 수조에서도 아름답고 다양한 생물을 키울 수 있다. 그러나 물속 생물들의 처지에서 생각해 보자. 사람도 활동 공간이 여유로울 때 삶의 질이 높아지는 것처럼 물속의 생물들 역시 수조의 크기가 클수록 더 쾌적하게 살 수 있다. 수조가 클수록 물의 양이 많기에 온도의 변화나 외부로부터 이물질이 들어오는 것에 대해 자정작용의 효과가 커지므로 큰 수조가 관리에 유리하다. 그러므로 아쿠아스케이프를 즐기기 위한 목적이라면 가로가 최소 45㎝ 이상인 수조를 추천한다.

수조는 조명이나 여과기처럼 상용화된 제품을 설치하기에도 무리가 없어야 하므로 가로 기준 30·45·60·90·120㎝ 단위로 선택하는 것이 좋다. 가정에서 사용하는 작은 규격의 제품들이 나오긴 하지만 35㎝ 규격은 점점 사용하지 않는 추세이고, 30㎝ 또는 45㎝의 규격을 주로 사용한다. 직사각형의 기성품 규격으로는 가로가 세로의 약 1.5배의 길이가 되는 35×22㎝, 45×30㎝, 60×35㎝, 60×45㎝ 규격의 수조가 가장 많이 사용된다.

가장 흔하게 사용되는 폭 45㎝ 수조.

수조를 제작한다면 최대 높이는 60㎝를 넘기지 않는 것이 좋다. 깊은 형태의 수조는 보기에는 좋지만 팔이 수조 바닥까지 닿지 않아 관리가 어렵기 때문이다. 또한 윗면이 뚫려 있는 수조의 특성상 바닥면은 모든 모서리가 붙어 있어 안정적이나 수조의 상부일수록 하중에 약하다. 그러므로 수조의 유리가 얇거나 깊이가 깊다면 보강대를 붙여서 누수와 파손의 위험을 줄일 필요가 있다.

수조의 크기와 물의 양

자신이 관리하는 수조에 들어가는 물의 양을 미리 계산하여 숙지하자. 이는 온도조절·여과장치를 선택할 때나 환수에 필요한 물이 어느 정도 되는지 파악할 수 있게 해준다. 물의 양을 계산할 때는 수조의 가로, 세로, 높이를 모두 곱하면 된다. 물의 양은 영양제나 기타 약품을 투여할 때 필요한 정확한 양을 계산하는 때에도 사용되므로 반드시 알고 있어야 한다.

참고로 수조 크기를 말할 때 몇 '자' 어항이라는 용어로 사용하기도 한다. 자는 한자로 척$_R$이라 하며 약 30.3㎝이다. 이 길이 단위는 목공업과 유리 재단에서 사용하던 단위로, 수조에도 그 용어가 사용되는 것이다. 그래서 가로 30㎝ 수조를 한자 어항, 45㎝ 수조를 한자 반 또는 자반 어항이라고 부른다.

수조의 재질

수조를 만드는 재료는 플라스틱, 일반유리, 일반유리에 비해 투명도가 높은 저철분유리(백유리), 아크릴에 이르기까지 다양하다. 플라스틱의 한 종류인 아크릴은 인장강도를 제외한 투명도, 무게, 충격저항성 등 여러 면에서 유리보다 우수하여 안전에 중요성을 두는 큰 수조나 대형 아쿠아리움을 만드는 데 많이 사용한다. 게다가 모양을 유리보다 자유롭게 가공할 수 있는 것이 큰 장점이다. 하지만 두께가 두꺼워지면 같은 사양으로 제작했을 때 유리보다 2~3배 정도 가격이 비싸다.

가정에서 쉽게 구매할 수 있는 두께 3~5㎜ 및 가로 30㎝ 내외의 얇은 보급형 아크릴 수조는 가격이 비싸지 않고 가공도 쉬워 20ℓ 내외의 작은 수조나 일체형 완제품 수조로 많이 판매된다. 그러나 강도가 약하고 보온력도 떨어지는 편이다. 그래서 혼자서 생활하는 베타 피쉬를 기를 때나 물고기가 병에 걸려 치료가 필요할 때, 또는 산란을 위한 격리 시에 주로 사용하는 편이다.

아쿠아스케이프를 위해서는 되도록 플라스틱 수조에 비해 보온력과 내구성이 우수한 유리 수조를 사용하는 것을 권장한다. 다만 무게가 무겁고, 실리콘으로 접착한 접합면이 있어 오래 사용하면 부식되어 떨어져 나갈 수 있으므로 관리에 주의가 필요하다. 유리 수조를 쓰다보면 벽면의 조류를 긁거나 청소할 때 칼을 사용하는 경우가 있는데, 이때 접합면의 실리콘이 손상될 수 있으므로 가능한 부드러운 스펀지나 수세미를 사용하여 청소하는 것이 좋다.

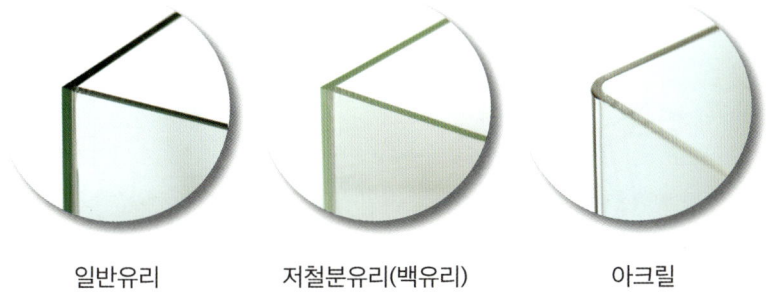

일반유리   저철분유리(백유리)   아크릴

수조 받침

수조는 바닥에 두기보다는 관상하기 좋게 사람의 눈높이에 맞도록 배치한다. 그래서 수조를 올려놓을 받침대가 필요한데, 이때 수조의 무게를 고려해야 한다. 만약 가로 45㎝의 수조를 선택하였다면 여러 제품과 물을 넣었을 때 약 40㎏의 정도의 무게가 되므로 웬만한 선반은 모두 받침대로 사용할 수 있다. 그러나 가로 60㎝ 이상의 수조는 무게가 약 100㎏ 정도가 되므로 일반적인 가구 위에 놓기보다는 수조 전용 받침대를 구매하는 것을 추천한다. 최근 MDF 합판으로 제작된 받침대가 주로 판매되고 있는데, 장기간 사용 시 물을 흡수하여 으스러질 수 있으므로 되도록 물이 닿지 않도록 관리해주어야 한다.

수조를 70~80㎝ 높이의 받침 위에 올려놓으면 관상하기에 좋다.

수조 선택 시 고려해야 할 조건

　물생활에 입문하면서 종종 발생하는 대표적인 문제에는 중복 구매로 인한 지출이 있다. 중복 구매는 특히 수조의 목적과 위치할 곳에 대한 사전 계획 없이 구매하는 것이 원인이 된다.

　예를 들어 대표적인 열대어 구피 세 마리만 기르겠다는 생각으로 둥근 복주머니 모양의 어항을 샀다고 가정해보자. 특수한 형태의 어항은 예쁘기는 하지만 수조에 꼭 필요한 여과기나 조명, 히터의 설치가 어렵다. 가로 20㎝ 정도의 작은 수조나 일체형 수조를 샀다고 하더라도 조금 더 큰 물고기를 들여오거나 기르던 물고기가 번식하여 개체 수가 늘어난다면, 새 수조를 사거나 물고기를 분양해야 하는 상황이 생긴다.

　수중 생태계를 꾸미고 난 뒤에 들여오는 물속 생물들의 환경 역시 적합한지 따져보아야 할 사항이다. 높이가 낮은 수조를 꾸몄는데 구피나 송사리처럼 상층에서 서식하는 물고기를 넣으면 수조 밖으로 튀어 나오는 불상사가 생길 수 있고 작은 수조에 번식력이 강하거나 대형으로 자라는 수초를 심으면 얼마 지나지 않아 수조 전체를 가득 매우게 될 수도 있다. 즉, 기르려고 하는 생물에 따라 필요한 기본 장비들과 구성품에 대한 이해를 바탕으로 해당 장비를 원활히 설치할 수 있는 적절한 수조의 선택이 필요하다.

수조를 두는 곳의 장소도 고려해야 한다. 수조를 고정적으로 두기 어려운 회사 책상이나 오피스텔, 원룸처럼 제한된 공간에 큰 수조를 들여놓는 것은 자리나 공간을 옮겨야 할 때 부담이 되므로 작은 일체형 어항이 적합하다. 만약 많은 사람이 관상하는 큰 사무실이나 회사 로비라면 UV 램프를 설치하여 조류를 최대한 억제하는 것이 효과적이다. 따라서 수조의 목적과 규격을 확인하고 관리를 최소화할 수 있는 적절한 제품을 선택하도록 장비 구입을 계획해야 할 것이다.

여과기 - 물의 상태 관리

물을 깨끗한 상태로 유지해 주는 여과기는 반드시 준비해야 한다. 물속의 생물들은 한정된 공간인 수조 안에서 호흡하며 살아가기 때문에 건강 상태와 직결되는 수질은 매우 중요하다. 물의 상태를 측정할 수 있는 다양한 도구가 있지만 가장 쉽고 빠르게 판단하는 방법은 무색·무미·무취인지를 살펴보는 것이다.

여과기를 선택하는 기준

여과기를 선택할 때는 공간, 외형, 여과 방식의 기준으로 구분하여 고려하는 것이 좋다.

공간의 크기를 기준으로 작은 수조의 경우, 내부 공간이 좁으므로 수조 밖에 설치하는 여과기를 선택하는 것이 좋다. 큰 수조의 경우, 물의 양이 많아지므로 그에 맞는 규모의 여과기를 선택해야 한다.

다음으로는 외형의 측면인데, 보편적으로 구매할 수 있는 스펀지 여과기나 측면 여과기 등은 대부분 투박한 디자인을 가지고 있다. 비록 아름다운 디자인으로 제작되었다는 여과기라고 하더라도, 살아 움직이는 수초와 물속 생물들로 만드는 자연환경과는 잘 어우러지기 어렵다. 따라서 물고기를 양식하기 위한 목적이 아닌 아쿠아스케이프를 즐기는 수조를 만들기 위해서는 외부 여과기 사용을 권한다. 여과기는 보이지 않도록 받침대 안에 두어 심미적인 요소 또한 고려하도록 하자.

여과하는 방식에 따라 크게 물리적 여과, 화학적 여과, 생물학적 여과로 구분할 수 있다. 물리적 여과는 프리필터Prefilter나 망을 이용하여 부유물을 걸러내는 일차적 여과이며, 화학적 여과에는 염소와 냄새, 암모니아성 질소 같은 오염물을 제거하고 세균 번식을 억제하는 제품들이 있는데 활성탄Activated charcoal, 제올라이트Zeolite가 대표적이다. 생물학적 여과는 여과제를 사용하여 미생물을 정착 및 성장시켜 오염 물질을 흡착하고 분해하는 작용을 말한다. 이러한 여과의 방식은 우열을 나눌 수 없으며 상황에 따라 필요한 적용 방식이 달라진다.

공간	외형	여과 방식
• 수조 안에 설치 • 수조 밖에 설치	• 노출되어 보이는 형태 • 숨겨져 보이지 않는 형태	• 물리적 여과 • 화학적 여과 • 생물학적 여과

여과기 설치 방식

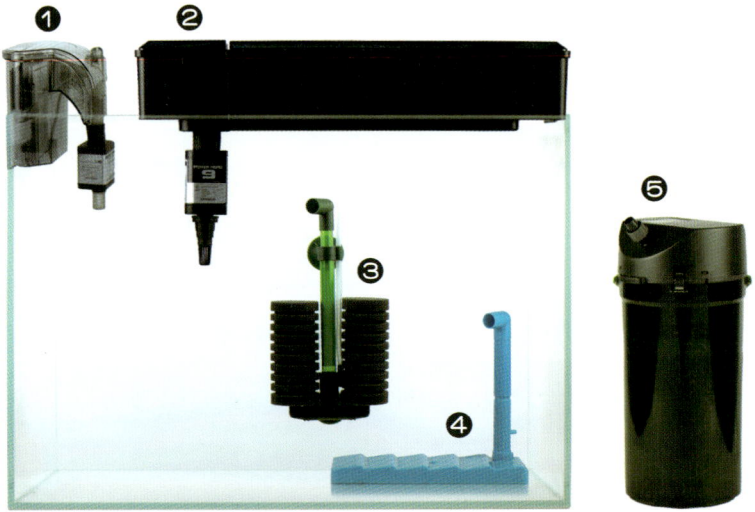

❶ 걸이식 여과기
❷ 상면 여과기
❸ 스펀지 여과기
❹ 저면 여과기
❺ 외부 여과기

질소의 순환 과정을 이해하자

여과의 과정에서 중요하게 이해하고 있어야 할 지식은 질소의 순환 과정이다. 수조는 제한된 공간의 환경이므로 물고기가 사료를 먹고 배변을 하게 되면 물속에 해로운 암모니아Ammonia 기체가 물에 녹아 암모늄 이온Ammonium ion 상태가 된다. 암모늄 이온은 니트로소모나스Nitrosomonas 박테리아에 의해 아질산염Nitrite으로 바뀌고, 아질산염은 니트로박터Nitrobacter 박테리아에 의해 질산염Nitrate으로 최종 변형된다.

이 과정을 일러 물생활에서는 '물잡이'라고 부르는데, 물잡이는 수조 전체의 수질이 안정된 상태를 뜻하는 말이다. 그래서 물잡이를 하기 전에 생물을 넣으면 죽는 경우가 많은데 이를 '새수조증후군'이라 부른다. 이런 현상은 사람이 겪는 새집증후군과 비슷하다. 새집증후군이 건축물과 가구의 접착제나 방부제, 페인트 등에서 나오는 여러 화학 물질로 인하여 이전에 없었던 신체 증상이 나타나는 것을 말하는 것처럼, 새수조증후군은 새로운 수조에 사용된 제품들과 불안정한 수질 상태 때문에 생기는 피해이다.

가장 손쉽게 수질을 안정시키는 방법으로 환수하기와 박테리아제 사용하기가 있는데, 환수를 통해 유해한 물질을 없애고 박테리아를 인위적으로 공급함으로써 유익한 박테리아들의 활동을 늘릴 수 있다.

물속의 질소 순환

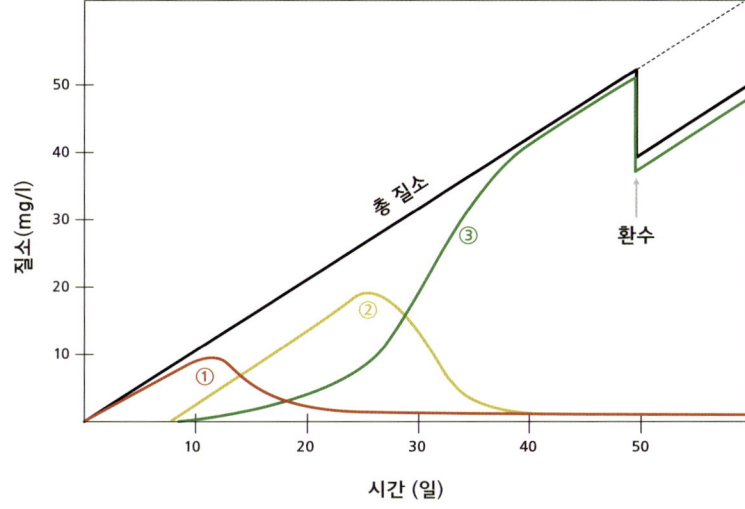

① 암모니아(NH_3)
· 암모늄 이온(NH_4^+)
② 아질산염(NO_2^-)
③ 질산염(NO_3^-)

질소가 순환하는 중에는 pH가 오르내리면서 이산화탄소와 부산물이 생성된다. 이 부산물을 수초가 일부 사용하기도 하지만, 수조라는 한정된 공간에서 계속된 질소 순환은 최종 부산물인 질산염을 축적한다. 질산염은 물고기에게 질병을 유발하고 조류를 발생시키므로 반드시 주기적인 환수가 필요하다.

여과기가 설치되어 있지 않은 수조는 물고기가 먹다 남은 사료나 배설물로 인해 금세 수질이 오염되어 생물들이 살 수 없게 된다. 단, 여과기를 설치해 두었다고 하더라도 물 자체가 완벽하게 맑아지는 것이 아니며, 단지 물의 오염 속도를 늦춰줄 뿐이다. 따라서 일주일에 1~2회는 수조의 약 30%에 해당하는 물 만큼을 새로운 물로 갈아주어야 한다.

별도의 여과기 없이 수조 청소나 환수만으로 수질 관리가 가능한지에 대한 질문을 종종 받는다. 결론부터 말하면 수초를 잘 키우기 위해서는 여과기가 필요하다. 물론 여과기가 없다고 해서 물고기와 수초를 절대 키우지 못하는 것은 아니지만, 이런 장비가 필요한 이유는 수조 안의 환경을 사육자가 원하는 대로 통제하기 위함이다. 그래서 조명, 여과기, 히터 등의 장비는 빛, 온도, 미생물, 수질을 수초가 성장할 수 있도록 적절한 상태의 수조로 만들기 위하여 되도록 갖추는 것이 좋다.

질소 순환 과정에서 본 것처럼 여과기는 미생물의 관리라는 측면에서 필수적인 장비이다. 미생물은 수조에서 벽면, 물, 바닥재, 수초, 나무 등 물에 있는 모든 물질에 존재하지만 여과재와 바닥에 90% 정도, 벽면과 물에 5~10% 정도가 살고 있다. 여기서 미생물이란 박테리아, 진균, 조류, 세균 등 수조에 이롭거나 해로운 모든 미생물을 말하는데, 물생활은 유익한 미생물과 그렇지 않은 미생물 사이의 아슬아슬한 줄타기와 같다. 유익한 미생물을 얼마나 잘 유지하느냐에 따라 물생활의 성패가 달렸다고 해도 과언이 아니기에 여과기는 그만큼 중요한 장비이다.

물갈이 하는 방법

❶ 사이펀, 물을 받을 통, 호스를 준비한다.
❷ 사이펀을 이용해 수조의 물을 30% 정도 빼낸다.
❸ 미리 받아 놓은 물이나 수돗물로 수조를 채워준다.
❹ 수도꼭지에 호스를 연결해 수조에 곧장 물을 넣으면 물살이 강해 수초들이 뽑히고 바닥재가 들리는 경우가 있으니 물을 채울 때 주의하자.

물갈이 전 참고사항

- 미리 물을 받아 하루 정도 놔두면 염소가 80% 정도 제거된다. 그러나 무작정 물을 오래 받아 놓는 것은 권장하지 않는다. 방치 시간이 길면 이물질이 들어가 물이 오염될 수 있으니 받아 둔 지 오래된 물은 사용하지 않는 것이 좋다.
- 수조가 크다면 물을 받아 놓기 힘드니 수돗물을 그대로 사용한다. 이 경우 염소 중화제와 박테리아제를 넣어 미생물 번식에 도움을 주도록 한다.
- 한겨울의 수돗물은 너무 차가워 수조에 들어있는 물과 온도가 차이난다. 온수와 섞어주거나, 미리 받아두어 상온 상태가 되었을 때 환수하는 것이 좋다.

히터와 냉각기 - 물의 온도 관리

물의 오염도와 더불어 여러가지 지표 중 물생활에 가장 중요한 요소는 온도다. 온도에 관해 처음 열대어나 새우를 기르기 시작한 초보자가 많이 궁금해하는 내용은 '물의 온도를 몇 도로 맞춰야 하는가'인데, 특정 온도에 정확하게 맞추려고 하기보다는 '되도록 온도의 변화를 줄이는 것'이 올바른 방법이라고 답한다. 앞서 큰 수조가 사육에 유리하다고 한 이유 중 하나도 물이 많으면 많을수록 온도의 편차가 적어지기 때문이다.

물의 온도를 인위적으로 조절하기 위해서는 히터 또는 냉각팬을 사용한다. 높은 **용존 산소량**을 요구하는 냉수 어종인 새우, 철갑상어, 우파루파, 열목어, 산천어 등이 사는 차가운 환경을 만들려면 냉각팬을 설치하고, 반대로 구피나 디스커스 등의 열대 어종을 기른다면 히터를 설치해 준다. 온도에 예민한 새우나 일부 어종은 외부로부터의 온도 변화를 최대한 줄이기 위해 냉각기와 히터를 동시에 사용하기도 한다. 그러나 고난도 냉수 어종을 기르는 것이 아니라면 우리나라의 일반 가정에서는 히터만으로도 수초와 열대어를 기르기에 충분하다.

용존 산소량溶存酸素量, Dissolved oxygen amounts
용존 산소량은 수중에 용해된 산소량을 나타내며, 수질 오염의 지표로 사용된다. 용존 산소량이 낮으면 오염도가 높다고 판단하며, 용존 산소량은 수온이 높거나 수심이 깊어질수록 낮아진다.

물 온도 조절 장비들

❶ 스테인리스 히터
❷ 냉각팬
❸ 전자식 히터

수초의 생장온도

대부분의 수초는 8℃ 이상이면 자랄 수 있지만, 최적의 생장온도는 18~25℃이다. 이 기준이 모든 수초에 적용되는 것은 아니지만 수초가 생존하기 위해서는 온도가 -4℃ 이하로 떨어지면 안 된다. 가정에서는 평균 20~28℃로 실내 온도가 유지되는데, 이는 수초를 키우기 아주 적절한 온도다. 만약 온도가 아주 낮거나 높으면, 잎의 모양이 바뀌거나 번식을 하려고 꽃대를 올리는 경우가 생긴다. 계절이 바뀌고 기온이 변하면 나무도 단풍이 들고, 잎이 떨어지고 새로 나는 것처럼 수초도 마찬가지이다.

같은 조건에서 온도가 10℃ 상승하면 광합성은 두 배 정도 증가한다. 자연의 식물들이 광합성을 하는 최대 온도는 35~38℃이지만 수조에서 키우는 수초들은 그보다 낮은 20~25℃ 내외를 유지하는 것이 적당하다. 온도가 높아질수록 물고기가 숨을 쉬기 힘들어지고 조류가 발생할 수 있기 때문이다.

수조 안에서 키우는 수초이지만 그중에는 마치 열매를 맺거나 단풍이 들 듯 계절에 따른 온도 변화에 민감한 수초들도 있다. 각각의 수초마다 자생지와 자라는 환경을 알면 도움이 되는데, 남미에 사는 카봄바속Cabomba이나 중앙아프리카의 카메룬이 원산지인 아누비아스속Anubias의 수초들은 전형적으로 따뜻한 온도를 좋아하는 수초다. 반대로 엘라티네속Elatine의 수초들은 온도가 상승하면 번식을 위해 씨앗을 퍼트리고 녹아버린다.

히터 사용 시 주의사항

히터는 열대어를 기를 때에 필수적인 장비로 유리, 금속, 합성 플라스틱 등 재질이 다양하다. 히터를 물에서 넣고 뺄 때는 반드시 공기와 물의 온도 차이를 확인하여야 한다. 둘 사이의 온도 차이가 크면 파손과 화재의 위험이 있으므로 주의해야 한다. 차가운 물에 뜨거운 히터를 바로 넣을 때 갑작스러운 온도 차에 의해 파손될 수 있다. 전원이 연결된 상태의 뜨거운 히터를 물 밖으로 꺼내 다른 곳에 올려둔다면 화재가 발생할 위험도 있으니 항상 주의해야 한다. 위의 이유로 유리 히터보다는 상대적으로 파손의 위험이 적은 금속 히터나 커버가 있는 히터를 추천한다.

히터나 냉각기를 사용할 때는 특정 온도에 맞춘다기보다는 물의 급격한 온도 변화를 줄이는 것을 목적으로 해야 한다. 온도 변화가 심하면 사람도 여름에 감기에 걸리듯이 급격한 물의 온도 변화는 크기가 작은 열대어에게 특히 치명적이다. 우리나라는 여름과 겨울의 온도 차가 크기 때문에 온도 변화를 최소화하기 위해 히터를 반드시 설치하도록 하자. 단, 히터의 조절기에 표시된 온도는 제품의 감도나 물의 양에 따라 편차가 생기므로 별도의 온도계를 이용하여 실제 수온을 확인하고 원하는 온도의 범위를 맞추어 주는 것이 좋다.

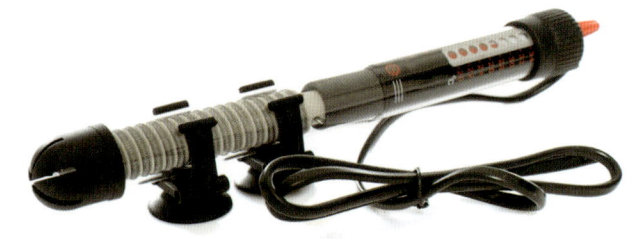

유리히터는 저렴하다는 장점은 있지만 공기와 물의 온도 차에 의해 파손될 수 있으니 주의하자.

생태환경 구성 장비

앞장에서 설명한 수조와 히터 같은 필수 장비들이 집과 난방기구처럼 수중생물이 생존할 수 있는 최소의 장비라면, 다음으로 생각해야 할 것은 생활에 도움을 주는 가전 제품과 인테리어처럼 보다 건강하고 아름답게 수초들을 키우기 위한 구성품들이다. 식물의 성장에는 다양한 요소가 필요한데, 각각의 장비들이 어떠한 역할을 하며 또 어떠한 제품을 선택하고 사용해야 수초들을 잘 키우고 관리할 수 있는지 알아보자.

조명 - 식물의 광합성을 위한 빛

엽록체를 가진 식물은 이산화탄소와 물, 그리고 빛을 화학에너지로 바꾸는 광합성 작용을 통해 생장한다. 수초 역시 식물이므로 광합성을 위한 빛이 꼭 필요하다. 식물이 자라는 데 제일 좋은 광원은 태양이지만, 태양의 강한 빛은 일정하지 않으며 물의 온도와 미생물에도 영향을 미친다. 그래서 수조의 형태를 본인이 생각한 의도대로 관리하려면 별도의 조명기구를 갖춰야 할 필요가 있다.

수조의 한정된 공간 안에서 조류의 발생을 억제하고 관리 가능한 수준으로 수초를 성장시키려면 빛을 우리가 원하는 대로 조절할 수 있어야 한다. 간혹 수조에 조명을 설치하지 않고 실내의 천장조명만으로 기르려고 하기도 하는데, 그 정도의 광량으로는 수초를 성장시키기 어렵다. 그러므로 수조 안 생태계를 통제하기 위해 태양광은 차단하고 빛의 공급 시간과 광량을 조절할 수 있도록 조명을 설치하기를 권장한다.

조명의 운영시간

수초에게 조명은 태양과 같다. 그러므로 조명의 운영시간은 해가

수조 거치식 조명

떴을 때 키고, 해가 질 때 끄는 것을 기본으로 해 보통 8시간에서 10시간을 켜준다. 이때 타이머를 이용하면 특정 시각에 맞추어 자동으로 켜지고 꺼지도록 할 수 있어 편리하다. 관상을 가장 많이 하는 시간에 맞추어 조명 시간을 설정하고, 조류의 발생이나 성장의 속도에 따라 시간을 가감하여 조절한다.

조명의 선택

수조에 설치하여 사용할 수 있는 조명은 다양하다. LED 조명이 나오기 전에는 백열등, 형광등, 메탈할라이드$_{Metal\ halide}$ 등 다양한 종류의 조명이 사용되었다. 현재는 LED가 보급되고 광합성에 필요한 파장의 빛을 내는 식물 성장용 LED가 개발되어 점차 LED 조명을 주로 사용하는 추세이다. 특히 우리나라에서 생산된 수초 전용 LED 조명은 해외에서도 좋은 품질로 호평을 받을 만큼 우수하다. 그러니 국내 제품 중 디자인과 추가적인 기능들을 비교하여 마음에 드는 제품을 사용하면 된다.

조명을 선택할 때는 LED 단자가 많고 폭이 넓은 조명을 구매하는 것이 유리하다. 단자가 많다는 것은 더 강한 광량을 제공할 수 있다는 뜻이고, 폭이 넓다는 것은 수조 전체를 보다 고르게 비출 수 있음을 의미해 직진성이 강한 LED의 단점을 보완할 수 있다. 조명 제품은 수조의 가로를 기준으로 출시되어 있으므로 본인이 가진 수조의 크기를 측정하여 선택한다.

수조의 가로가 45㎝(약 40ℓ 내외)면 45W, 60㎝(약 80ℓ 내외)면 60W 정도의 LED를 추천한다. 본인이 선택한 수조가 기성품의 규격이라면 거기에 맞는 조명을 고르도록 하고, 만약 다른 특수한 형태나 목적이 있는 수조라면 전문가의 조언을 받아 구매하는 것이 좋다. 수조 밖으로 구조물이나 식물이 물 밖으로 나오는 형태의 디자인을 생각한다면 걸이식 조명을 선택하는 것이 좋다.

조명 선택 시 주의사항

LED 조명을 찾다 보면 RGB LED 조명이라고 홍보하는 제품들을 많이 볼 수 있는데, RGB LED란 하나의 단자에서 다양한 색을 내는 광원을 말한다. RGB LED 조명은 하나의 단자에 한 가지 색만 나타나는 조명보다 고가이긴 하지만 우수한 성능을 갖추고 있다. 다만, 빨강(R)·초록(G)·파랑(B)의 단색 LED 단자를 각각 넣고서 RGB LED라고 허위 광고하는 제품들도 있으므로 주의 깊게 비교하고 구매해야 한다. 간혹 해수어와 산호를 기르는 수조에서 사용하던 파란색 조명을 사용해도 괜찮은지 묻는 경우가 있으나 해수어 조명은 수초를 기르기 위한 빛의 파장과는 달라 수초의 성장에는 적절하지 않다.

조명 선택 시 추가로 고려해야 할 요소는 타이머 기능이다. 타이머를 추가로 구매하여 설치하거나 조명을 직접 켜고 끄는 일에 불편함이 없다면 상관없지만, 설정해둔 시간에 맞추어 켜지고 꺼지는 기능이 있는 조명은 사용이 매우 편리하다. RGB LED 조명 중 추가적인 컨트롤러를 이용하여 색을 조절할 수 있는 제품도 있는데, 해가 뜨고 지는 분위기를 연출할 수 있다. 스마트폰 애플리케이션과 연동하여 다양한 설정이 가능한 제품도 있다.

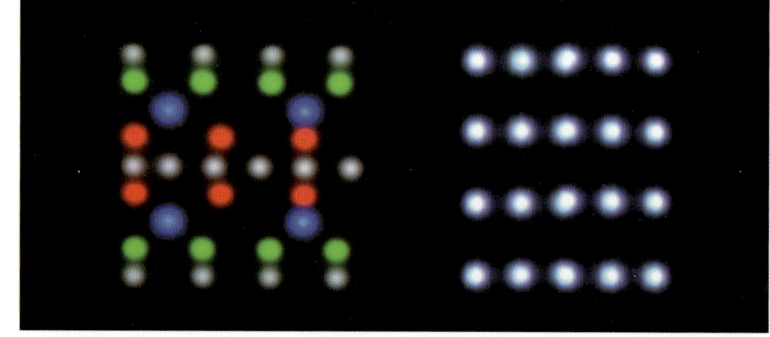

빨강·초록·파랑색의 LED 단자를 각각 넣은 일반 RGB 조명(좌)과 하나의 단자로 여러 색을 표현할 수 있는 RGB LED 조명(우)이다.

수조 조명 설치 방법

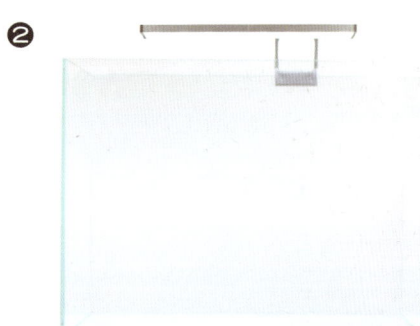
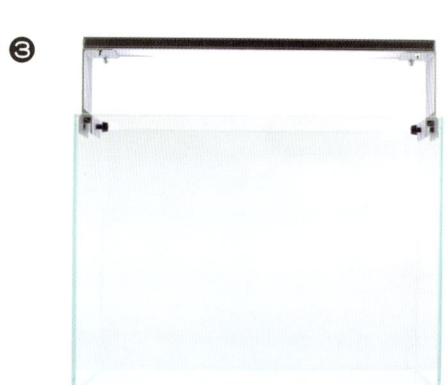

❶ T5 양발거치
❷ LED 외발거치
❸ LED 양발거치
❹ LED 행인 팬던트

이산화탄소 - 수초의 호흡

수초를 기를 때에는 온도·빛·이산화탄소의 세 가지 조건을 관리하는 것이 중요하다. 이 중에서 가장 부담스러운 부분이 바로 이산화탄소를 공급하는 일이다. 온도의 경우 일반적인 가정집의 실내 온도는 겨울철이라도 수초가 어느 정도 성장할 수 있는 수준이며, 빛을 만들어주는 조명 또한 저렴하면서도 좋은 제품들이 시중에 많이 판매되고 있다. 반면 수초에 필요한 이산화탄소를 공급해주기 위한 장비는 비교적 고가에 속하며, 가스통 형태의 CO_2 공급 장치를 갖춰야 한다. 그러나 우려와는 달리 이산화탄소 발생 장비는 중고로도 많이 거래되고 있으며, CO_2 가스 충전 비용은 1~2만 원 정도로 저렴한 편이다. 또한 다른 장비에 비해 눈에 띄는 사용 효과를 체감할 수 있다.

기포 확산기를 사용하여 이산화탄소를 공급한다.

고압·저압 이산화탄소 공급기

물생활에서는 이산화탄소 공급기를 일러 고압, 저압에 따라 '고압이탄', '저압이탄'으로 줄여 부른다. 가스통 형태로 이산화탄소 CO_2를 공급하는 장치를 고압이탄이라고 부르며, 액체나 알약 혹은 전기 및 화학반응을 이용하여 이산화탄소를 공급하는 장치는 저압이탄이라고 부른다. 저압이탄은 고압이탄에 비해 효과는 떨어지지만 비교적 저렴한 편이다. 그렇지만 저압이탄으로 공급할 수 있는 이산화탄소량은 많지 않기 때문에 100ℓ 이하의 수조에서만 활용하는 편이 적당하다.

고압이탄이 저압이탄에 비해 가지는 장점으로는 크게 두 가지가 있다. 첫째로 많은 이산화탄소의 공급량, 둘째로 정밀하게 공급량을 조절할 수 있는 기능과 더불어 타이머를 설치해 이산화탄소가 필요

저압이탄　　　　　　　　고압이탄

한 낮에만 공급되도록 작동할 수도 있다. 이산화탄소는 물에 녹을 때 시간이 걸리므로 조명을 가동하기 1시간 전에 미리 공급하면 수초의 성장에 더욱 도움이 된다.

DIY 이산화탄소 발생기

집에서도 간편하게 이산화탄소 발생기를 만들 수 있는데 이를 '자작이탄' 또는 '화학이탄'이라고 부른다. 100ℓ 이하의 수조라면 자작이탄으로 대부분의 수초를 키울 수 있다. 최근에는 DIY 할 수 있도록 부품을 세트로 판매하기도 한다. 페트병과 여러 플라스틱 부속품이 함께 있는 제품이 기본이며, 스테인리스로 제작되어 연결부의 마감이 견고하고 게이지도 달려 있어 보다 안전하고 정확한 수치로 사용할 수 있는 제품도 있다. 또한 가정용 탄산수 제조 용도로 시판되고 있는 실린더에 공기압을 설정 및 조절하는 장치인 레귤레이터를 연결하여 사용하기도 한다.

기본적으로 1ℓ 페트병에 물과 설탕을 1대1 비율로 넣고 설탕을 녹인 후, 이스트를 반 티스푼 정도 첨가하고 가만히 두면 하루나 이틀 후부터 이산화탄소가 발생한다. 53쪽 사진에서 왼쪽은 설탕 발효액이 담긴 페트병, 오른쪽은 호스를 통해 함께 유입되는 물을 거르고 발효로 생성된 이산화탄소를 모으는 페트병이다.

바닥재 - 수소 이온 농도의 조절

수초가 잘 자라기 위해서는 광합성에 필요한 이산화탄소와 물의 온도뿐만 아니라 수소 이온 농도(pH) 지수 역시 매우 중요하다. 수소 이온 농도는 이온의 리터 당 몰 수(mol/ℓ)를 의미하며 중성 값인 pH 7보다 숫자가 크면 염기성, 작으면 산성이다.

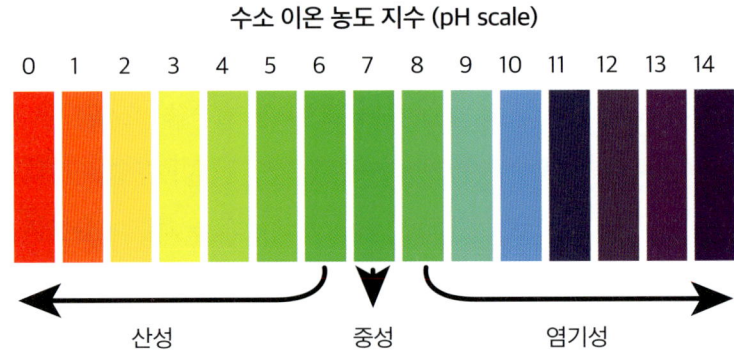

대부분의 수초는 pH 6.5 내외의 약산성에서 안정적으로 생장한다. 물의 pH를 조절하기 위한 목적으로 특별한 첨가제나 장치를 이용하기도 하지만, 수초를 심는 바닥재인 소일Soil을 이용해 pH를 조절하는 것이 관리가 쉽다.

수소 이온 농도 지수에 따른 영양 성분 분포

약산성의 pH 6.5 구간은 수초가 흡수할 수 있는 형태의 영양분이 가장 적절하게 분포되어 있다. 만약 pH가 너무 높거나 낮으면 식물이 흡수할 수 없는 형태로 양분들이 바뀌거나 서로 결합해 변해 버리므로 pH를 6.5 내외로 맞춰주어야 한다. 만약 외부의 물질이 수조에 유입되어 pH가 급격하게 변하는 상황이 생긴다면 영양소끼리 결합해 불용성 상태인 **침전물**이 된다. 만약 이와 같은 현상이 더 심해지게 된다면 소일의 pH 유지 능력이 사라져 버린다.

철을 제외한 모든 영양소는 pH 5 이하에서 급격하게 줄어든다. 또한 pH 7 이상에서는 미량원소들이 줄어드는 것을 볼 수 있다. pH 6.5 영역은 수초의 생장에 필요한 영양소가 가장 많이 분포해 있는 영역이다. 장기간 환수하지 않은 상태의 수조는 pH가 떨어지는 현상이 발생하는데, 이는 바닥과 여과기에 퇴적되는 부산물들이나 생물의 호흡, 여과 과정에서 발생하는 산성 물질 때문이다. 이때 바닥재를 눌러보면 딱딱하게 굳어 있으며, 상태가 나쁜 경우에는 황화수소로 인해 계란 썩는 냄새가 나는 것을 확인할 수 있다. 바닥재가 뭉쳐져 있는 경우 사이펀을 이용하여 바닥재에 있는 찌꺼기와 부산물을

침전물 Precipitate
용액 속에서 화학 변화가 일어날 때, 물에 잘 용해되지 아니하고 생긴 생성 물질을 말한다.

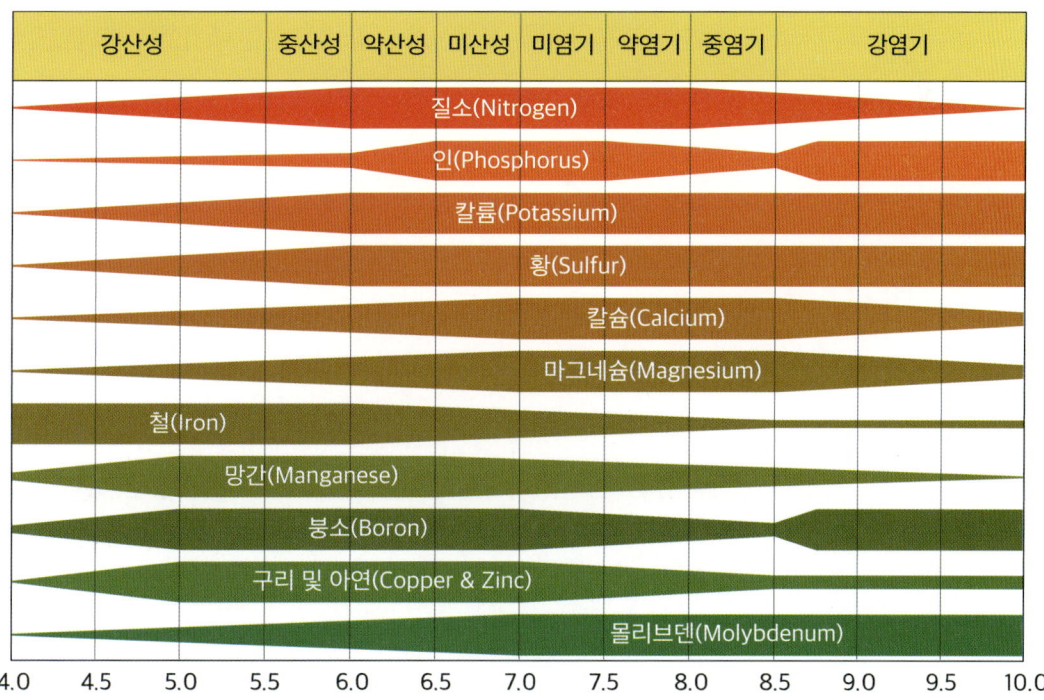

pH에 따른 영양소 유용성

염류집적鹽類集積
여러 가지 무기 염류가 토양에 쌓이는 현상.

빼주는 작업 또는 여과기 청소로 **염류집적**과 채널링Channeling으로 인한 여러 부작용을 방지할 수 있다. 채널링은 여과기 내부에 이물질이 쌓이면서 물이 가장 저항이 적은 일정한 곳으로만 흐르게 되는 현상을 말한다. 결국 출수량이 줄어들고 여과력도 떨어지게 되기 때문에 꾸준한 청소와 관리가 필수적이다.

바닥재의 선택

판매를 목적으로 하는 시설이나 번식과 개량을 목적으로 하는 양식장 또는 전문 품종개량자의 경우 바닥재를 사용하지 않는 것이 일반적이다. 수조에 수많은 생물이 드나들 때마다 질병 관리를 위해 항상 소독을 해야 하는데, 바닥재가 있으면 일이 배로 늘어나기 때문이다. 그러나 가정에서 관상 목적으로 안정적인 환경을 꾸며주어 일정한 수질을 유지하고자 한다면 적절한 바닥재를 깔아주는 것이 좋다. 여과기에 많은 미생물이 살며 수질을 유지해 주는 것처럼 바닥재에도 많은 미생물이 정착해 수질의 안정에 도움을 주기 때문이다.

바닥재를 선택할 때는 입자의 크기나 질감 또는 색깔을 기준으로 선택할 수도 있지만, 그보다 중요한 것은 기르려고 하는 생물에 맞는 바닥재를 선택하는 것이다. 특히 바닥재에 따라 물의 pH 수치가 달라지므로 바닥재의 선택은 매우 중요하다.

예를 들어 수초나 새우는 약산성의 수질에서 잘 성장하므로 약산성의 수질을 만들어주는 소일 제품을 사용하고, 초록 복어나 프론토사 같은 시클리드가 선호하는 약염기성 수질을 만들기 위해서는 산호사를 사용해야 한다. 수질을 맞춰주는 바닥재의 역할 외에 레이아웃 디자인을 위해 사용하는 색 모래도 있는데, 좀 더 자연스러운 색깔의 바닥을 만들거나 길을 표현하기 위해 사용한다.

예전에는 pH가 원하는 수치보다 높게 나타나면 묽은 염산이나 구연산과 같은 산성 물질을 사용하여 수치를 낮추기도 하였으나, 요즘은 pH를 적절하게 낮춰주는 소일이 많이 보급되어 강제로 pH를 낮추거나 높일 필요가 없다. 만약 사용하는 물의 pH가 너무 높아 6.5 내외로 조절되지 않는다면 이온 교환 효율이 높아 pH를 더 낮게 떨어뜨리는 소일 제품을 선택하면 된다. 소일 제품은 보통 영양계와 흡착계로 구분되는데, 영양계 소일은 영양분을 많이 가지고 있는 대신 pH 보정 능력이 낮고 잘 부서지는 경우가 많다. 반대로 흡착계 소일은 양분은 적지만 pH 보정 능력이 우수하고 비교적 딱딱한 편이다.

또한 가정에서도 pH를 간편하게 측정할 수 있는 전자식 pH 측정기나 pH 측정 시약 등의 제품이 저렴한 값에 판매되고 있으므로 수초의 생장에 필요한 적정 pH 농도를 측정하고 조절하자. pH는 물생활에서 가장 먼저 확인해야 할 중요한 척도인만큼, 활용하기 좋은 pH 측정 도구를 하나쯤은 구비하기를 추천한다.

pH를 조절하는 대표적인 바닥재

약산성 — 소일 Soil

중성 — 흑사 Black gravel

약염기성 — 산호사 Coral sand

영양분 – 수초의 성장과 번식

식물의 생육에 반드시 필요한 필수 원소가 있다. 필수 원소는 아주 적은 양이라도 하나하나가 수초의 생장에 핵심적인 역할을 한다.

지금까지 17가지의 필수 원소가 발견되었는데, 식물의 체내 함량 여부와 원소의 요구량에 따라 다량 원소와 미량 원소로 구분한다.

다량 원소는 3대 비료라 불리는 질소, 인, 칼륨 그리고 칼슘, 마그네슘, 황, 탄소, 수소, 산소를 포함해 총 9가지다.

적은 양이지만 없으면 생장에 영향을 주는 미량 원소는 철, 망간, 아연, 구리, 몰리브덴, 붕소, 염소, 니켈로 총 8가지다.

다량 원소 9종	미량 원소 8종
질소 N	철 Fe
인 P	망간 Mn
칼륨 K	아연 Zn
칼슘 Ca	구리 Cu
마그네슘 Mg	몰리브덴 Mo
황 S	붕소 B
탄소 C	염소 Cl
수소 H	니켈 Ni
산소 O	

리비히의 최소량의 법칙

일부 영양분의 결핍은 전체 영양분의 불균형을 일으킨다. 생물이 생장하고 번식하는 데 필요한 다양한 물질 중 가장 적게 공급되는 요소에 의해 전체 영양분의 균형이 깨지는 것이다. 아래 그림의 물통처럼 여러 영양소가 충분하더라도 어느 하나가 부족하면 물이 새는 것처럼, 나머지 영양소가 아무리 충분하더라도 생장에 제약이 생긴다. 이것을 '리비히의 최소량의 법칙 Liebig's law of minimum'이라고 한다.

리비히의 최소량의 법칙과 수초의 데이터를 기반으로 만들어진 영양 제품들은 시중에서 쉽게 구매할 수 있다. 다량 원소와 미량 원소 제품으로 구분하여 판매하기도 하고, 각각의 영양소에 따른 개별 제품을 판매하기도 한다. 국가나 지역에 따라 수질 차이를 고려하여 제작된 제품도 있으므로 내 수조의 상태에 맞는 제품을 찾아보자.

이동성 원소와 비이동성 원소

이들 영양소를 이동성 원소와 비이동성 원소로 구분할 수 있다. 이동성 원소란 영양소가 식물 내에서 쉽게 운반이 가능한 원소를, 비이동성 원소는 그렇지 못한 원소를 말한다. 이동성 원소는 오래된 잎과 뿌리에서 영양분을 끌어다 쓰기 때문에 해당 원소가 부족하면 오래된 잎에서 결핍 증세가 발견된다. 반대로 비이동성 원소는 다른 곳에서 영양소를 끌어오지 못하기 때문에 새로 성장하는 잎에서 결핍 증세가 나타나게 된다. 따라서 수초의 잎을 자세히 관찰하면 어떤 원소가 부족한지 확인할 수 있다.

이동성 원소	비이동성 원소
질소 N	칼슘 Ca
인 P	황 S
칼륨 K	철 Fe
마그네슘 Mg	구리 Cu
	붕소 B

원소의 역할 및 결핍 증상

다량 원소	이동성 여부	역할	결핍 증상
질소 N	○	엽록소, 효소, 호르몬 구성요소, 생육	오래된 잎의 색이 노란색으로 탈색, 새로 나는 잎이 작게 자람, 녹색에서 노란색 또는 흰색으로 탈색
인 P	○	생리작용, 효소 구성 원소, 광합성, 호흡, 개화, 면역력	오래된 잎의 색이 녹색으로 탈색, 수초에 따라 검게 변함, 오래된 잎에서 반흔 발생(초기 질소결핍 증상과 유사)
칼륨 K	○	광합성, 탄수화물 축적, 질산 흡수, 단백질 합성	오래된 잎에서 구멍 발생
칼슘 Ca	X	뿌리 생육, 유해 물질 중화, 세포막 생성	새로 나는 잎의 꼬임
마그네슘 Mg	○	엽록소 생성, 인산 흡수, 체내 이동 관여, 탄수화물 대사	잎맥이 진해지고 잎의 색이 연해짐
황 S	X	화합물 생성, 생리작용, 엽록소 생성, 탄수화물 대사	수조 환경에서는 거의 발생하지 않음

미량 원소	이동성 여부	역할	결핍 증상
철 Fe	X	엽록소 생성	새로 나는 잎의 백화
망간 Mn	△	엽록소 생성	수조 환경에서는 거의 발생하지 않음
아연 Zn	△	효소 구성 원소	수조 환경에서는 거의 발생하지 않음
구리 Cu	X	엽록소 생성	수조 환경에서는 거의 발생하지 않음
몰리브덴 Mo	△	비타민C 생성	수조 환경에서는 거의 발생하지 않음
붕소 B	X	체내 대사, 효소 작용, 칼슘 흡수	새로 나는 잎의 꼬임
염소 Cl	△	체내 성분 합성, 명반응	수조 환경에서는 거의 발생하지 않음
니켈 Ni	△	요소분해효소 필수성분	수조 환경에서는 거의 발생하지 않음

O = 이동성   X = 비이동성   △ = 일부 이동성

소재 - 돌과 유목

아쿠아스케이프는 자연의 소재를 이용해 새로운 자연을 만들어 나가는 과정이다. 단순한 장식적 요소에서 더 나아가 수조 안에서 살아갈 생물들이 살던 자연 그대로의 환경에 가깝게 만들어준다. 특히 가장 많이 사용되는 소재는 돌과 유목이며, 그 종류도 다양하다. 상점에서 판매하는 소재 외에도 자연에서 채집하여 레이아웃을 꾸밀 수 있다. 그러나 자연에서 채집한 소재들로부터 병균이나 이물질이 유입될 수 있으므로 검증된 소재나 전문업체를 통해 구매하는 것이 안전하다. 또한 특별한 어종이나 수초를 기를 때에는 소재가 수질에 영향을 줄 수 있으므로 사용에 유의해야 한다.

요즘은 보다 극적인 연출을 위해 3D 펜, 거울, 솜, 레진 같은 인공물을 사용하기도 한다. 그러나 자연경관을 만드는 작업인 만큼 인위적인 재료를 사용하면 오히려 이질감을 줄 수도 있다. 특히 비오톱이나 네이처 아쿠아리움과 같이 자연 생태계를 그대로 연출하는 레이아웃에서는 접착제나 실리콘처럼 인공적인 요소를 최소화하여 꾸미는 것이 본연의 의미에 부합한 작품이 될 수 있다. 따라서 특별한 연출을 위해 꼭 필요한 소재가 아니라면 되도록 자연의 소재를 이용하도록 하자.

돌, 면의 표현

　소재의 표현 방식은 크게 면과 선으로 구분할 수 있는데, 면을 상징하는 대표적인 소재는 돌이다. 돌을 이용해 무겁고 웅장한 느낌을 표현하고 돌의 질감에 따라 거친 느낌이나 유연한 흐름의 분위기를 연출할 수 있다. 큰 크기의 수조에는 그만큼 큰 돌이 필요하지만, 여러 국내 여건상 적절한 크기와 모양을 갖춘 돌을 구하기가 쉽지 않다. 그래서 돌을 서로 붙이거나 쌓아서 표현하기도 하며 필요한 돌을 찾기 위해 강과 산으로 탐석을 가기도 한다.

　돌을 사용할 때는 pH에 어떤 영향을 주게 될 것인지 고려해야 하는데, 자연에서 채집했거나 출처가 의심스러운 돌의 상태를 쉽게 확인하는 방법이 있다. 식초를 돌 표면에 뿌려서 거품이 일어나는 정도에 따라 돌이 함유하고 있는 석회질 성분의 양을 가늠하는 것이다. 거품이 많이 일어난다면 석회질 성분이 많은 것인데, 이런 돌은 물을 염기성으로 바꾸어버릴 수 있으므로 되도록 사용하지 않는 것이 좋다. 석회 성분이 많은 돌은 보통 흰색이나 회색을 띠고 가루가 많이 나오며, 물에 넣었을 때 석회 성분이 물 표면에 흰 가루처럼 묻어나오기도 한다.

　국내에서 판매되고 있는 돌은 화산석, 황호석, 청룡석, 오석이 대표적이다. 이 돌들은 pH에 크게 변화를 주지 않는다.

화산석 · 현무암 · 제주석 Lava stone

화산지대에서 나오는 돌로 기공이 많고 표면이 거칠다. 수질에 변화를 주지 않기 때문에 인기가 많다. 주로 필리핀에서 수입되고, 제주산 제품도 있다.

황호석 · 호피석 Ohko stone

동아시아에 분포되어 있으며 호피석이라 부르기도 한다. 구멍이 많이 나 있는 돌인데, 구멍 사이에 진흙이 뭉쳐 있는 경우가 많으니 충분히 세척하고 사용해야 한다.

윤난석 · 풍경석 Landschaft stone

중국의 윈난 지역에서 들어와 윤난석이라 불리는데, 풍경석이란 이름으로 부르기도 한다. pH와 GH를 약간 상승시키는 탄산석회암으로 구성되어 있다.

청룡석 Seiryu stone

윤난석을 산처리하여 석회 성분을 제거한 돌이다. 그중 푸른빛을 띠며 흰색 줄무늬가 있는 돌을 청룡석이라 이름 짓고 상품화하여 판매하고 있다. 윤난석에 비해 pH 변화에 안정적이다.

오석 Hakai stone

진회색의 돌로 둥글고 표면이 매끄럽다. 일부 홈이 있고 모서리가 마모되어 있는 돌로, 매우 단단하여 잘 부서지지 않는다.

유목, 선의 표현

돌이 면을 표현한다면 유목은 선을 표현한다. 유목은 가장 흔히 사용하는 소재로, 유목만으로도 아름다운 레이아웃을 완성할 수 있다. 수조에 유목을 넣으면 나무 속에 있던 물질들이 배출되며 블랙워터가 만들어지거나 곰팡이 같은 침전물이 생기기도 하는데, 이것은 나무가 마르면서 미처 빠져나오지 못한 수액이다. 이러한 현상을 사전에 방지하기 위해서는 유목을 끓는 물에 삶거나 물에 담가둔 후 사용하는 것이 좋다.

수조에 생물을 함께 기르고 있다면 유목을 물에 담갔을 때 나오는 침전물은 대부분 흔히 비파라고 불리는 물고기 플레코류나 갑각류들이 먹으므로 크게 신경 쓰지 않아도 된다. 하지만 침전물의 양이 과하면 여과장치가 막혀 물의 흐름을 방해할 수 있으므로 주의하도록 하자. 작은 크기의 유목이라면 집에서도 수액을 간편하게 빼내는 방법이 있는데, 바로 양변기의 물통에 며칠 정도 넣어두는 것이다. 단, 나무가 떠다니다가 변기의 장치를 망가뜨리지 않도록 움직이지 않게 고정하도록 한다.

절단 유목 Cutted Wood

나무를 수평으로 자른 것으로 여러 종류의 나무들이 있다. 단면에 이끼나 수초를 활착하여 사용한다.

맹그로브 유목 Mangrove Wood

대형 유목들이 많고 구멍이 나 있는 특이한 모양들도 있다. 무게도 많이 나가며 물에 넣으면 갈색의 블랙워터가 많이 나오는 편이다.

투톤 유목 Two tone Wood

두 가지 색이 있는 유목으로, 두꺼운 편이라 블랙워터가 많이 나온다. 꼬인 모양이 많아 다양한 레이아웃을 표현할 수 있다.

촐라 우드 Cholla Cactus

선인장의 일종으로 새우들의 놀이터로 많이 쓰인다.

가지 유목 Branch Wood

가지들이 뾰족하게 나 있는 유목으로 가장 많이 판매되고 사용된다. 나무의 종류에 따라 색과 모양이 다르며 물에 들어가면 대부분 검은 갈색으로 비슷하게 변한다.

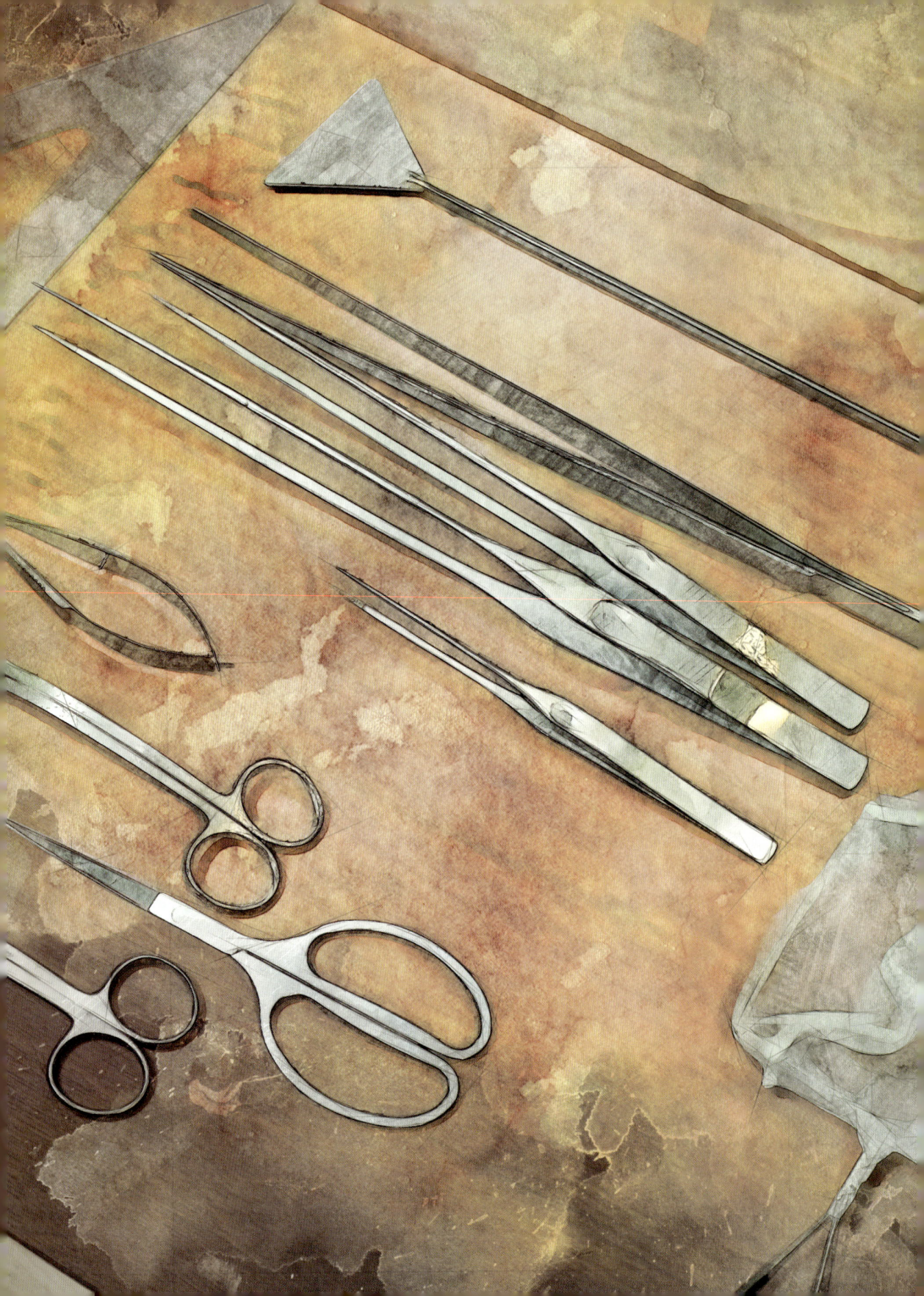

기타 장비와 도구

아쿠아스케이프를 만드는 일은 생각보다 단순하다. 수초와 생물의 생장이 원활하도록 필요한 장비를 구비하여 수조의 환경을 만들어주기만 하면 된다. 그만큼 사용자의 요구에 맞춘 다양한 제품들이 출시되고 있다는 말이기도 하다. 그러나 수조의 완성은 시작일 뿐이다. 수조에 심은 수초나 그 안에서 살아갈 생물이 잘 살 수 있도록 환경을 유지하는 것이 중요하다.

아쿠아스케이프는 낚시와 더불어 관련 제품이 가장 많은 취미 중 하나이다. 아쿠아스케이퍼 각자가 만들어놓은 수조 환경과 그 안에서 기르는 생물이 다양한 만큼, 필요한 도구와 용품의 종류도 매우 많다. 그래서 직접 도구를 만들어 사용하거나 별도로 개별화된 제품을 구매하기도 한다. 다른 용도로 활용되던 것을 가져와 활용할 수도 있으므로 내게 필요한 도구를 주변에서 찾아보는 일 또한 물생활의 재미 중 하나이다.

아쿠아스케이프 생태계를 조성하고 관리하기 위해서 입문자가 알아두어야 할 대표적인 도구에 대해 알아보자.

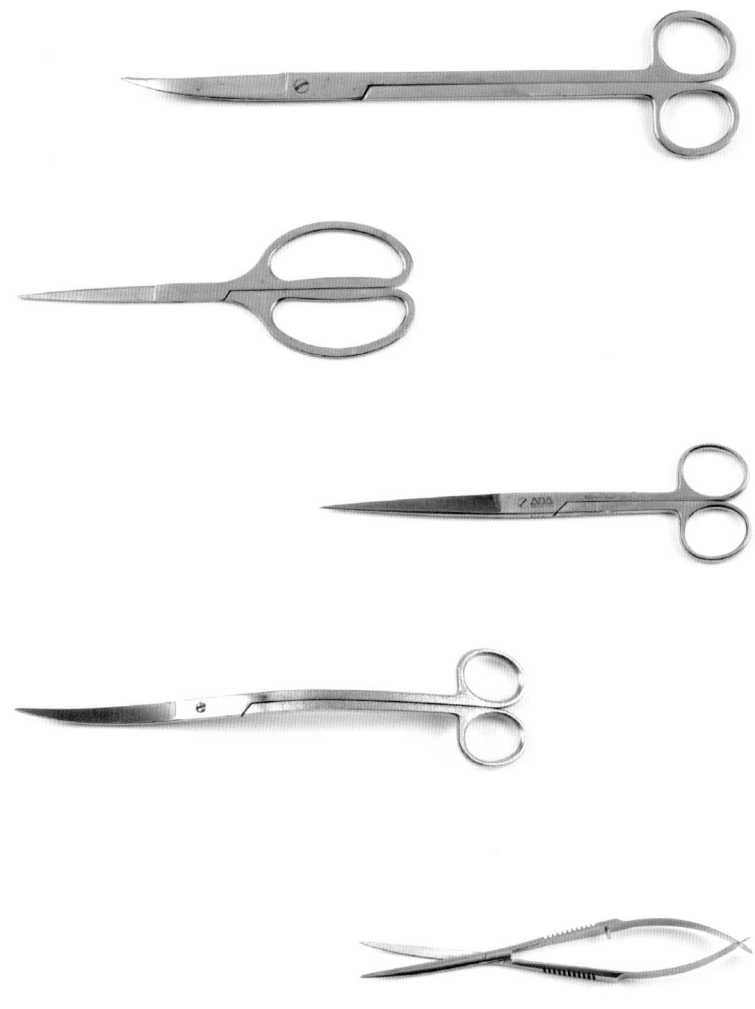

수초 가위. 스테인리스 제품을 구입해야 녹이 잘 슬지 않고 오래 사용할 수 있으며 디테일한 트리밍이 가능하다.

가위

일반적인 가위는 날이 크고 손잡이는 짧지만, 수초를 다듬을 때 사용하는 가위는 날이 짧고 손잡이가 길다. 한 번에 많은 양이나 단단하고 두꺼운 것을 자르기보다는 먼 곳에 있는 대상을 비교적 섬세하게 자르기 위함이다. 수초를 다듬는데 일반적으로 사용되는 짧은 가위는 모든 수조에서 사용할 수 있다. 그러나 팔을 깊게 넣어야 하는 높이 50cm 이상의 수조라면 조금 더 긴 가위가 필요하다. 외부에서 물 속으로 들어가는 것은 모두 오염 물질이 되기 때문에, 작업 시 손과 팔이 최대한 수조 안에 들어가지 않도록 해야한다.

  가위는 날 앞쪽이 휘어진 가위, 날 옆쪽이 휘어진 가위, 전체가 휘어진 가위, 전체가 두 번 휘어진 가위 등 다양한 형태의 가위가 있다. 가윗날은 곡선 형태가 사용하기 편리하다. 날이 곧은 가위로 바닥의 수초를 자르려면 손목을 굽히거나 손을 바닥까지 내려야 하지만, 곡선 가위는 사용자가 편한 자세로 수초를 다듬을 수 있게 돕는다.

  다양한 형태의 가위를 모두 가지고 있을 필요는 없다. 처음에는 가장 기본이 되는 일자형의 가위와 본인의 수조에 따라 필요한 형태의 가위를 골라 두 개 정도만 구비해도 충분하다. 가위는 반복 동작을 해야 하는 도구이기 때문에 무게가 가벼운 제품을 권한다. 입문자에게는 UP사의 D-616 가위를 추천한다.

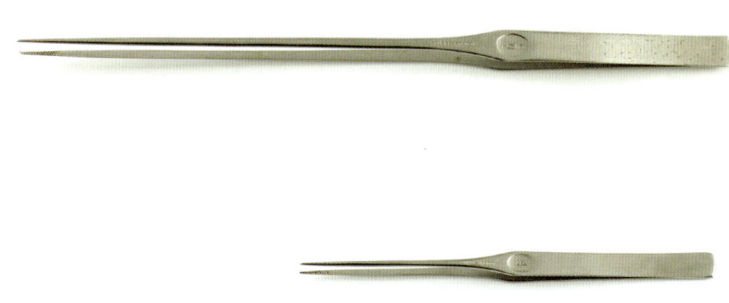

핀셋

핀셋은 수초를 심을 때 사용한다. 핀셋은 심으려고 하는 수초의 길이와 두께뿐만 아니라 바닥재를 고려하여 적절한 형태의 핀셋을 선택한다. 흑사처럼 입자가 크고 무거운 자갈 형태의 바닥재를 뚫고 수초를 심기 위해서는 수초를 강하게 잡아주어야 하므로 일자형의 굵은 핀셋을 사용한다. 반면에 소일같이 상대적으로 가볍고 부드러운 바닥재에 수초를 정교하게 심기 위해서는 가늘고 긴 핀셋을 사용한다. 곡선 형태의 핀셋은 수초 심기보다는 파충류나 절지류의 먹이를 급여할 때 주로 사용한다.

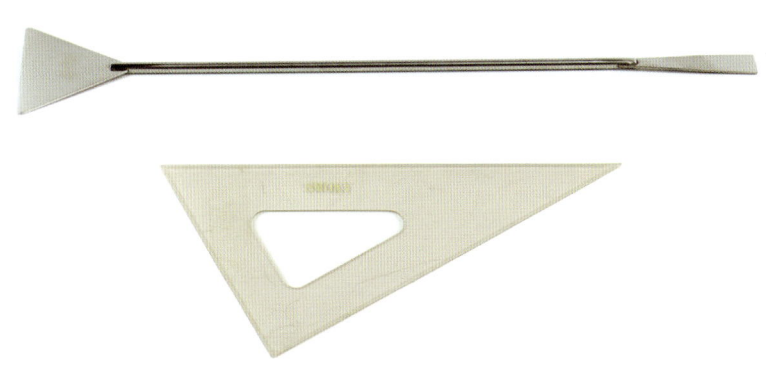

샌드 플래트너

샌드 플래트너Sand flattener는 바닥재를 고르게 하거나 경사를 높이는 용도로 사용한다. 샌드 플래트너가 없다면 삼각자로 대체해도 좋다. 다만 여러 가지 모양으로 구멍이 많이 뚫려 있는 삼각자는 강도가 약해 사용에 지장이 있으니 단단한 강도의 삼각자를 추천한다. 삼각자는 유리 내부 벽면의 이끼를 넓은 범위로 청소하는 데도 유용하다.

수평계

수조가 파손되는 대표적인 이유에는 잘못 만들어진 수조를 사용할 때, 평평하지 않은 바닥 면에 수조를 설치할 때, 수평이 잘못 맞추어졌을 때가 있다. 수조의 수평이 맞지 않은 상태로 물을 채우면 수조의 무게중심이 한쪽으로 쏠리면서 수조가 터질 위험이 커지기 때문이다. 유리는 어느 정도 탄성이 있어 물을 넣고 뺄 때마다 휘어졌다가 복구되기를 반복한다. 이때 유리를 접합한 실리콘에 틈이 생기거나 찢어질 수가 있다. 비록 수조를 처음 설치할 때는 문제가 없더라도 시간이 지나면서 실리콘이 경화되어 유리면 사이에 틈이 생기면 수조 파손 사고로 이어질 수 있으므로, 처음 설치할 때 수조의 수평을 잘 맞추는 것이 매우 중요하다. 예전에 비해 요즘의 수조들이 더 견고하지만, 수조는 소모품인 만큼 항상 확인하고 주의해야 한다. 수평계가 없을 때는 수조에 물을 조금 넣고 대략적인 기울어짐 정도를 확인하자. 스마트폰의 수평계 기능을 활용하는 방법도 있다.

페인트 붓

붓은 돌이나 유목을 바닥에 놓고 바닥재를 자연스럽게 덮을 때나 수초의 수정을 위해 사용한다. 10㎝ 내외의 넓은 붓은 샌드 플래트너처럼 바닥재를 깔고 정리할 때 사용한다. 구조물 위에 있는 바닥재를 털어내거나 쌓을 때에는 붓의 측면을 활용하여 샌드 플래트너 보다 유연하게 사용할 수 있으며, 유리나 수초 등의 구조물을 다치지 않게 바닥재를 쌓아 올릴 때도 용이하다. 좁고 작은 붓은 복잡한 구조물 사이에서 사용하거나 수초가 물 위로 꽃대를 올렸을 때 수정을 위해 사용한다. 화방에서 판매하는 미술용 붓을 사용해도 좋다.

수질 측정 도구

수질 측정 도구의 종류는 다양하다. 그러나 pH, GH, KH 측정기 등 고가의 전자식 장비가 아니라면 시약으로 된 1만 원대 제품들을 추천한다. 저렴한 스틱형 전자 pH 측정기는 사용 후 물기를 제거하는 등 꾸준히 관리하지 않으면 쉽게 고장 나거나 영점 조절이 맞지 않는 경우가 더러 있다. 또한 실험을 목적으로 수질 측정을 하는 것이 아니라면 매일 측정할 필요가 없으므로 입문자가 고가의 장비를 살 필요는 없다.

    pH부터 질산염$_{NO_3^-}$, 인산염$_{PO_4^{3-}}$ 테스터 등 대부분의 제품이 시약 형태로 출시되고 있으며, TDS의 경우 가격이 저렴하고 사용하기 편한 샤오미Xiaomi사의 수질 측정기를 이용하는 것도 추천한다.

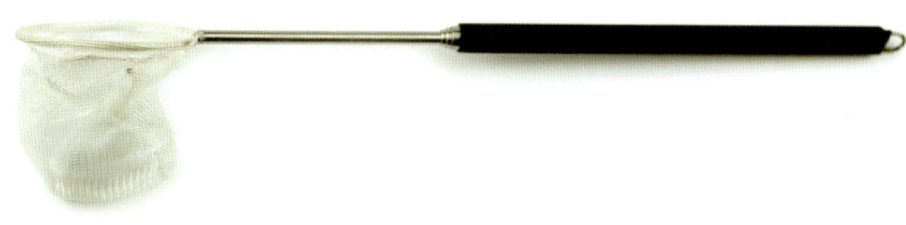

뜰채

뜰채는 물고기를 잡거나 다듬은 수초의 잔여물을 걷어낼 때 사용한다. 다양한 크기가 있으니 수조의 크기에 따라 적당한 뜰채를 선택하면 된다. 수조를 뒤집어서 청소하는 것이 불가능한 1m 이상의 대형 수조는 삽으로 모래와 소일을 퍼내고 바닥에 남은 것들을 뜰채로 긁어내기도 한다.

윤활제

수초 전용 가위에 녹이 생기거나 여과기 모터가 잘 회전하지 않을 때 윤활제를 사용하면 좋다. 슈퍼루브Superlube사의 테프론 오일 펜타입을 추천한다. 저온과 고온에서도 사용 가능하며 무독성이기에 인체와 수초, 물고기에게도 해가 없다.

자석봉

바닥재로 흔히 사용하는 소일은 화산토가 주성분이라 철분을 함유하고 있다. 그래서 바닥에 소일과 다른 바닥재를 함께 까는 경우에 자석이 레이아웃 정리에 유용하다. 소일이 자석에 붙는 성질을 이용해 두 바닥재가 지저분하게 섞이거나 경계를 두었던 부분에 소일이 넘어올 때 자석을 사용해 정리한다.

수질 측정에 사용되는 용어

- **pH**

  수소 이온 농도. pH 7을 기준으로 그보다 높으면 염기성 Alkali, 낮으면 산성 Acidic.

- **GH** General Hardness

  일반경도. 물속 광물질인 칼슘과 마그네슘의 농도를 보여주는 수치. 농도가 낮으면 연수 Soft water, 높으면 경수 Hard water.

- **KH** Carbonic Hardness

  탄산염경도. 물속의 탄산 이온 농도를 보여주는 수치.

- **TDS** Total Dissolved Solids

  총용존 고형물. 물속에 녹아 있는 이온의 총 합계를 보여주는 수치.

Chapter 3 ——— 아쿠아스케이프 실습

생물을 다루는 아쿠아스케이프가 처음이라면 '과연 이렇게 해도 생물들에게 해가 없을까?' 하며 불안을 느낀다. 그러므로 처음부터 복잡한 레이아웃을 만들려고 하거나 고가의 생물을 들여오기보다는, 가장 기본적이고 보편적인 소재를 사용하여 간단한 환경을 꾸며보는 것을 권한다. 처음 글을 배울 때 그림 그리듯 습자지에 따라서 써보듯이, 쉬운 레이아웃을 선택하여 따라 하다 보면 여러 가지 요소들을 자연스레 익힐 수 있을 것이다.

STEP 1.
기본 장비의 위치 설정

수조를 설치할 장소에 받침대와 수조를 놓을 때 가장 중요한 첫 번째 작업은 수평 맞추기다. 특히 물을 많이 채워야 하는 100ℓ 이상의 수조라면 더욱 신경써서 수평을 확인해야 한다. 수평이 맞지 않으면 외관상 불안정해 보일 뿐만 아니라 무게중심이 한쪽으로 쏠려 유리와 접합한 실리콘 사이의 틈이 벌어지면서 수조가 터질 수도 있다.

  수평을 측정할 때는 수평계를 사용하거나 수조에 물을 약간 채우고 정육면체의 물건을 넣어서 맨눈으로 확인하는 방법도 있다. 수조의 수평을 맞추었다면 조명을 거치하여 전원을 켜고 전체적인 외관을 확인한다. 간혹 한쪽 면만 저철분유리 수조를 거꾸로 놓거나, 정육면체 수조의 옆면을 정면에 설치하는 경우가 있으니 수조의 어떤 면이 정면인지 확실히 해둔다. 히터나 여과기의 경우 설치한 상태로 수조 내부를 꾸며도 되지만 레이아웃의 큰 뼈대를 장식하는 하드스케이프 작업을 할 때 걸리적거리는 경우가 많으므로 설치할 위치만 정해두고 나중에 설치해도 좋다. 단, 빛에 따라 레이아웃의 느낌이 많이 달라질 수 있으므로 조명을 켜둔 상태에서 디자인을 연출하도록 한다.

  조명과 함께 수조에 기본적으로 갖춰야 하는 장비인 여과기와 히터까지 사용하려면 콘센트는 최소 3구 이상이 필요하다. 멀티탭은 수조 근처에 설치할 때 바닥에 놓지 말고 꼭 벽면이나 받침대에 수직으로 설치해 두자. 이렇게 해야 멀티탭에 물이 들어가는 사고를 방지할 수 있다.

수평 맞추기와 용품 배치

❶ 수조와 받침대를 준비한다.
❷ 수평계로 수평을 맞춘다.
❸ 조명을 거치해 외관을 확인한다.
❹ 외부 여과기의 입·출수구 설치 위치를 확인한다.

STEP 2.
하드스케이프

기본 장비를 설치했다면 수초를 심기 전의 과정으로 하드스케이프 Hardscape를 만들 차례다. 하드스케이프는 돌과 유목 같은 구조물로 레이아웃의 큰 뼈대를 수조에 장식하는 단계이다. 이때 수조에 돌이나 유목을 넣기 전에 대략적인 디자인을 미리 구상해놓고 진행하는 것이 좋다. 무거운 돌을 이리저리 옮기다 보면 소일이 깨지거나 분진이 날리고, 수조가 손상될 수도 있기 때문이다. 가지고 있는 재료를 다양하게 배치해 보며 마음에 드는 디자인을 연출해 보자. 미리 스케치해보거나 영감을 주는 다른 사람의 작품을 따라 해보는 방법도 좋다.

  작업에 앞서 어떤 위치에서 감상하게 될 것인지도 생각해 두어야 하며, 작업 중에 감상 위치에서 계속 수조를 확인하며 계획대로 작업이 진행되고 있는지 디자인을 검토해야 한다. 만약 감상 포인트 없이 작업하였다면 그 레이아웃은 산만하고 집중력을 떨어뜨리는 디자인이 되기 쉽다. 스마트폰 카메라를 이용해 흑백 사진을 촬영하면서 음영을 통해 레이아웃을 확인해 보는 방법도 추천한다.

  하드스케이프를 할 때는 수초와 이끼를 심어 최종적으로 완성되었을 때의 모습을 상상하며 만들어야 한다. 돌이나 유목 이외에 수초가 들어갈 자리를 고려해야 하는 것이다. 또한 구조물들을 유리 벽면에 너무 가깝게 붙이거나 복잡하게 구성하기보다는 단순화하는 것이 좋다. 수초들의 생장과 관리의 편의성을 우선하여 고려하며 연출해야 관리하기에 편하기 때문이다.

하드스케이프 스케치

레이아웃을 연출할 때는 소재를 쌓아나가는 순서를 생각해야 한다. 하드스케이프를 마쳤는데 바닥에 비료를 넣기 어려운 경우가 생기거나 반대로, 수초를 심지 않을 공간에 비료를 과하게 넣는 경우도 생길 수 있기 때문이다. 디자인에 따라 소일과 모래를 처음부터 깔아 주어야 할 때도 있으므로 소재를 쌓는 순서를 고려하는 일은 매우 중요하다. 큰 소재를 배치하는 데에만 신경을 쓰다 보면 바닥재를 넣는 것이 어려워질 수 있으므로 바닥재 이외에 파워샌드, 비료, 박테리아 첨가제 등의 제품들은 언제 바닥에 도포할지 생각해 두자.

하드스케이프 과정에서는 구조물을 원하는 위치에서 움직이거나 흔들리지 않게 하는 것이 가장 중요하다. 제일 아래에 있는 재료들부터 접착제, 케이블타이, 와이어를 이용해 단단히 고정하면서 쌓도록 해야 한다. 특히 유목은 대부분 바싹 마른 상태이기에 물을 채우면 떠오르므로 유목 위에 무거운 돌을 올려놓거나 돌과 유목을 접착하여 바닥에 고정해야한다.

소재끼리 붙이려면 베이킹소다와 솜, 휴지처럼 빈 곳을 메꾸어 줄 수 있는 소재를 접합면 사이에 넣고 순간접착제를 그 위에 도포해 흡수되도록 하면 곧바로 고정된다. 순간접착제가 굳을 때는 열이 나며 가스가 발생하는데, 수조 위에서 작업하다 보면 증발하는 가스를 마시게 될 수 있으므로 반드시 마스크를 끼고 환기를 시키며 작업해야 한다.

소재 고정하기

❶ 배치할 돌과 유목, 베이킹소다, 솜, 휴지, 접착제를 준비한다.
❷ 돌과 유목을 배치한다.
❸ 붙이려는 돌과 유목 사이에 베이킹소다를 뿌리거나 솜과 휴지로 틈을 매운다.
❹ 접착제로 소재를 서로 붙여준다.

구조물이 자리를 잡았으면 흔들리지 않는지 확인한다. 그리고 하드스케이프의 아래쪽에는 틈이 있을 수 있는데, 바닥재가 흘러나오지 않도록 솜이나 스펀지로 사이를 메꾼다. 구조물의 가운데에 수초를 심을 자리가 있다면 비료나 가루 박테리아와 같은 여러 제품을 뿌린다. 바닥재는 비료 위로 3~5cm 정도 덮여 있어야 수초들이 비료의 영양분을 흡수하기 좋다. 비료와 수초의 식재 높이가 크게 차이나면 수초의 뿌리가 비료에 닿지 않아 영양분 섭취를 제대로 하지 못한다. 비료가 표면에 너무 가까이 있으면 물에 노출되어 조류를 발생시키므로 비료와 바닥재의 적절한 간격을 고려하도록 하자.

앞서 하드스케이프와 **방토** 작업이 끝났다면 이제 본격적으로 소일을 넣는다. 한 번에 많은 양을 붓지 말고 여러 번 나누어 확인하며 넣도록 하자. 그리고 샌드 플래트너나 삼각자를 이용하여 바닥재를 고르게 펼친다. 바닥재는 수평에 맞게 평평히 다지기보다는 앞에서 뒤로 갈수록 높아지게 다져야 수초의 관상이라는 목적에 부합한다.

소일을 모두 정리하였다면 디자인 연출에 따라 모래나 다른 색상의 바닥재를 도포한다. 방토 작업이 잘 되어 경계가 확실히 구분되었다면 연출용 모래는 최대한 얇게 깔아야 관리가 쉽고 보다 나은 디자인이 된다.

방토方土
흙이 무너져 내리는 것을 막기 위하여 만든 시설. 여기에서는 소재를 고정하고 빈틈이 없도록 솜이나 스펀지로 메꾸는 작업을 말한다.

방토 작업하기

❶ 솜을 사용하여 돌과 유목 사이의 빈 곳을 메꾼다.
❷ 흔들리지 않는지 확인하며 빈 곳 메꾸기 작업을 반복한다.
❸ 수초를 심을 자리에 비료나 박테리아 첨가제 등의 제품을 뿌린다.
❹ 바닥재를 도포하기 전 상태. 적절한 간격으로 비료를 뿌려 놓았다.

소일 깔기

❶ 소일을 뿌린다.
❷ 샌드 플래트너로 바닥을 고르게 편다.
❸ 추가로 필요한 바닥재를 뿌린다.
❹ 붓을 사용해 레이아웃을 정리한다.

아쿠아스케이핑이 처음이라면 여러 어려움이 있다. 대부분 익숙하지 않은 작업이기 때문에 배선은 어떻게 정리하고, 물은 어떤 방법으로 채우며, 큰 소일 비닐은 어디를 찢어 어떻게 넣어야 할지가 모두 고민이다. 소소한 테크닉을 설명하는 인터넷 자료는 많지만, 자신의 상황에 맞는 효율적인 세팅 방법은 스스로 익혀야 한다.

아쿠아스케이핑이 조금 익숙해졌더라도 보다 자연스러운 디자인을 만들기 위해 고민하게 된다. 모든 아쿠아스케이핑은 자연의 소재로 또 다른 자연을 만드는 것이다. 협곡이 있는 산맥, 수풀이 우거진 정글, 집 앞 개천의 물속 등 어떠한 모습을 꾸미더라도 자연을 묘사하는 일이므로 돌과 나무의 구성이나, 식물의 식재 위치가 어색하지 않아야 한다. 그러므로 아름다운 아쿠아스케이프를 위해서는 꾸준히 자연을 관찰하고 눈에 익히는 자세가 필요하다.

하드스케이프 순서

스케치를 하거나 다른 작품을 참고하여 만들고 싶은 하드스케이프 구상
⬇
조명을 켜둔 채 장비들의 대략적인 위치와 전기선의 방향 파악
⬇
수조를 감상하는 위치 지정
⬇
구조물이 물에 뜨거나 흔들리지 않게 고정
⬇
소재 사이사이에 소일이 흘러내리지 않도록 메꿈
⬇
바닥재를 도포할 위치와 높이를 고려하며 비료 도포
⬇
바닥재 도포

아쿠아스케이핑 시뮬레이션 웹사이트
스케이프 잇 SCAPE IT

스케이프잇(scape-it.io/kr)은 간편하게 아쿠아스케이핑을 모의로 만들어 볼 수 있는 무료 웹사이트다. PC와 모바일에서 모두 사용할 수 있는 웹 기반 어플리케이션이다. 손 스케치보다 직관적인 비주얼로 레이아웃을 구상해 볼 수 있어 입문자에게는 큰 도움이 된다. 수조를 꾸미기 전에 어떤 수초를 구매할지, 얼마만큼의 재료가 필요할지 계획할 수 있다. 한글화가 되어 있어 이용에도 어려움이 없다.

스케이프잇

STEP 3.
수초와 이끼 심기

하드스케이프가 끝났다면 우선 분무기나 스프레이건으로 물을 뿌려 구조물과 바닥을 촉촉하게 해야 한다. 이 작업은 바닥재 사이 틈에 있는 공기를 빼내는 작업으로, 나중에 물을 채웠을 때 바닥이 무너지는 일을 방지할 수 있다.

이제 물을 뿌려가며 원하는 위치에 수초를 심고 나무와 돌에 이끼와 착생식물들을 활착하는 작업을 시작하자.

수초 식재하기

❶ 심을 수초를 준비한다.
❷ 뿌리를 잘라 정리한다.
❸ 키가 작은 수초를 먼저 심는다.
❹ 이어서 키가 큰 수초를 심는다.

심을 수초는 뿌리를 자르고 상한 잎을 정리하는 등 미리 다듬어 넓은 쟁반이나 접시에 준비해 둔다. 수초를 긴 뿌리째로 심다 보면 원하는 위치에 섬세하게 심기가 힘들고, 심던 중 뿌리에 상처가 나면 균이 들어가 썩을 수 있기 때문이다.

수초를 심을 때에는 전면에서부터 시작하며, 키가 작은 수초부터 심는다. 키가 큰 수초부터 심어 늘어뜨리면 심을 공간이 보이지 않고 걸리적거리기 때문이다. 수초는 수조 설치 초기에 많이 심어두어야 초기 영양분을 흡수하여 조류를 방지할 수 있고, 물잡이를 하는 데에도 도움이 된다.

활착이란 이끼나 수초를 돌이나 유목에 붙이는 작업을 말하는데, 여기에 사용되는 도구는 실, 낚싯줄, 접착제, 와이어 등이다. 바닥에 심고 기르는 것이 아닌 나무나 돌에 붙여서 상대적으로 쉽게 기를 수 있는 수초도 있다.

항상 수초의 식재 위치를 미리 염두하고 심자. 숙련된 사람이라면 생각만으로 식재 위치와 종류를 예상하며 진행할 수 있지만, 초보자라면 수조를 위에서 내려다 보는 시야로 식재할 위치를 미리 그려 계획하는 것도 좋은 방법이다.

돌과 활착판에 활착하기

❶ 핀셋으로 돌 틈에 수초를 끼워 넣는다.
❷ 수초가 빠지지 않도록 꼼꼼히 심는다.
❸ 활착 작업이 어려운 곳은 돌에 수초를 미리 감아놓고 배치한다.
❹ 활착판에 자란 이끼를 바닥에 고정한다.

착생식물Epiphyte은 나무와 돌에 접착제와 실을 이용해 직접 고정해도 되고, 각진 공간이나 틈 사이에 빠지지 않도록 끼워 넣어도 된다. 활착하기 힘든 위치에는 작은 돌에 수초를 접착제나 실로 미리 활착해 둔 다음 원하는 위치에 놓을 수도 있다. 판에 착생된 수초나 이끼를 바닥 틈 사이에 넣어 방토 역할을 하도록 활용하는 방법도 있다.

착생수초는 평평한 면보다 꺾이거나 움푹 파인 곳처럼 변화가 있는 공간에 자연스럽게 붙도록 실로 감는다. 만약 실을 활용하기 힘든 곳이라면 접착제를 이용해도 되는데, 접착제는 접합 부위에 백화현상이 생기기 때문에 작업 후 긁어내야 한다. 단, 이끼는 접착제보다는 실로 조밀하게 감아 착생하면 더 튼튼하게 고정된다. 큰 수조일수록 심을 수초들이 많으므로 5~10분 간격으로 물을 뿌려가며 수초가 마르지 않도록 해야 한다.

처음 수초의 식재를 모두 마쳤을 때는 자연스러워 보이지 않는다. 그러나 물을 채우고 시간이 지나면서 충분한 빛을 주면 잎의 방향과 모양이 자연스럽고 아름답게 변한다. 지금의 모습보다는 시간이 지나 풍성해질 수조의 모습을 상상하면서 수초 배치를 마무리한다.

실, 접착제로 활착하기

❶ 수초를 실로 감아 유목에 활착한다.
❷ 접착제로 수초를 유목에 활착하기도 한다.
❸ 수초가 유목에 활착한 모습.
❹ 이끼를 실로 감아 유목에 활착한다.

STEP 4.
물 채우기

수초의 식재까지 모두 마쳤다면, 이제 물을 채울 순서다. 물을 채울 때는 절대로 한 번에 들이부으면 안 된다. 소일 같은 바닥재에는 미세한 가루가 많아서 물을 한 번에 부으면 가루 입자들이 수초나 구조물에 달라붙어 조류를 유발하기 때문이다. 또한 아직 물을 충분히 머금지 않은 유목은 견고하게 고정되지 않아 물에 떠오르는 등 레이아웃이 쉽게 망가질 수 있다. 그러므로 물을 채울 때는 조금씩 천천히 넣어주는 것이 좋다. 이때 비닐이나 에어캡을 활용하면 수월하게 물을 넣을 수 있다.

물을 넣을 때는 U자형 호스 연결관이나 호스를 고정하는 장치가 있으면 편하다. 이러한 장치 없이 물을 부어 채우면 수류에 의해 바닥재가 파이거나 레이아웃이 망가진다. 이럴 때는 에어캡을 이용하면 레이아웃을 보호하면서 물을 채울 수 있다. 물을 채우고 나면 경계를 넘어간 소일이나 떨어진 잎 등을 빼주며 레이아웃을 정돈하고, 부유물을 제거해가면서 물을 50% 가량 환수한다. 물을 채우는 과정에서 소일과 모래 바닥재가 섞이게 되면 미관상 좋지 않으므로, 철 성분이 있는 소일의 특성을 이용해 자석으로 정리해 준다.

물 채우기와 정리

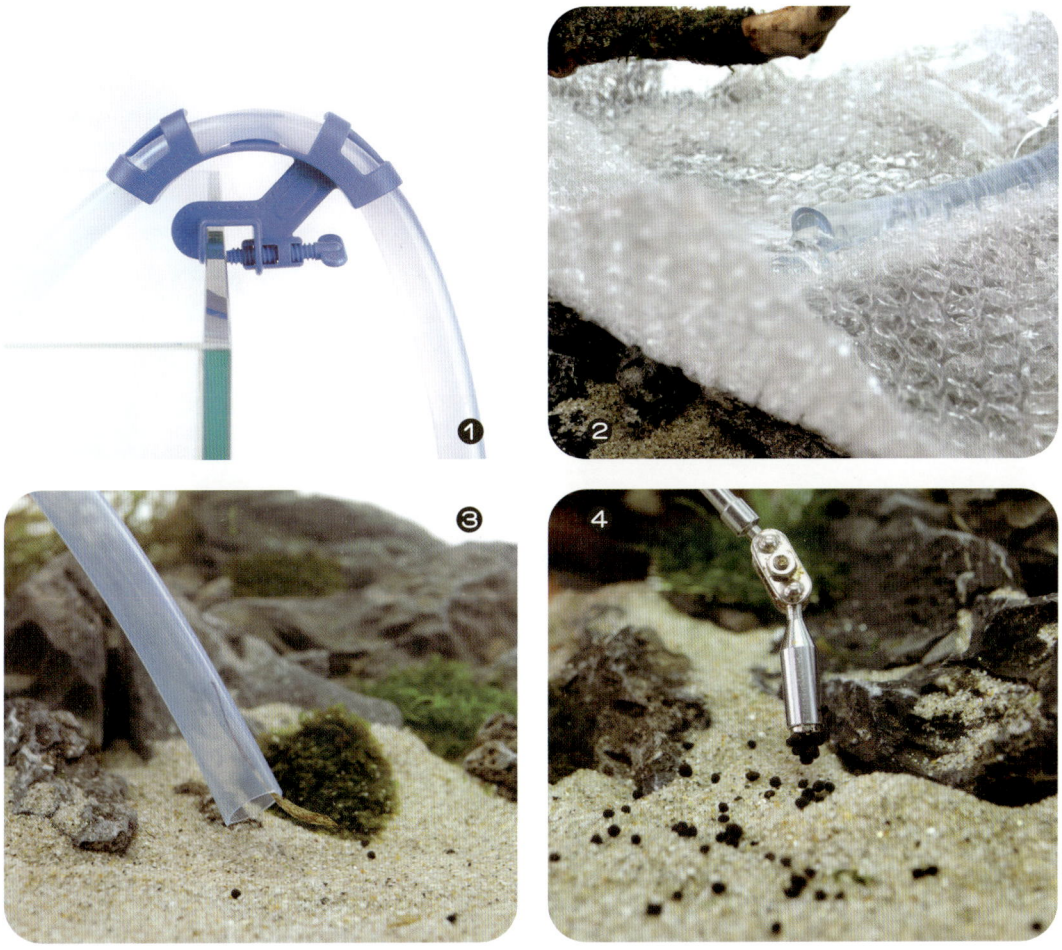

❶ U자형 호스 연결관이나 호스를 고정하는 장치로 물을 채운다.
❷ 장비가 없을 때는 에어캡을 활용해 물을 채운다.
❸ 환수 과정에서 떨어진 잎과 소일을 정리한다.
❹ 자석봉으로 소일을 정리한다.

STEP 5.
기본 장비의 설치와 물잡이

물을 모두 채웠다면 생각해 두었던 위치에 여과기, 히터, 온도계 등의 장비를 설치한다. 여과기는 사용이 간편하고 관상에 방해가 되지 않도록 가능하면 수조 밖에 설치하는 제품이 좋으며, 히터는 유리보다 파손의 위험이 적은 금속 재질로 만들어진 제품을 추천한다.

이런 장비를 설치할 때는 미리 제품의 규격이나 기르려고 하는 생물의 특성을 고려해야 한다. 막상 설치를 하려는데 제품 간 규격이 맞지 않거나, 목적에 부합하지 않는 제품을 설치하는 경우가 종종 발생한다. 수조의 두께와 크기가 일반적이지 않거나 특수한 모양이라면 일부 조명이나 여과기는 설치할 수 없으며 부품의 규격이 달라 사용하지 못하는 경우도 있다. 제품 상호 간 조합에 대한 정보를 충분히 수집한 후에 장비를 선택하도록 하자. 생물에 따라 좋아하는 온도나 환경이 다르고 수초를 먹거나 함께 키울 수 없는 생물도 있기 때문에 전문가의 도움을 받는 것이 좋다.

물을 채웠다면 약 한 달 정도의 시간 동안 질소 순환 사이클을 만들어주는 물잡이를 해야 한다. 앞서 질소 순환에 대해 설명했듯 물잡이란 수조 내의 박테리아들이 자연의 생태와 유사하게 자리 잡을 수 있도록 만드는 것이다. 일명 새수조증후군을 해소하는 과정이다. 일상을 예로 들자면 새집에 인테리어 공사를 마치고 입주하기 전에 어느 정도 여유를 두어 새집증후군을 해소하는 것과 비슷하다. 소일의 타입이나 제조사에 따라 권장 환수의 주기나 용량이 다르니 설명서를 확인하도록 한다.

물잡이가 되지 않은 상태에서 수조를 서둘러 꾸미고 싶은 마음에 물고기나 새우 등의 생물을 넣는 일도 있다. 이때에는 하루에 한 번씩 10% 정도의 물을 새로 교체해 주어야 한다. 물속 생물들의 배변이나 먹다 남은 사료를 분해할 만큼의 미생물들이 충분하지 않으므로 인위적인 물갈이가 필요한 것이다. 물잡이를 마쳤다면 적어도 일주일에 한 번은 30% 정도의 물을 갈아주도록 하자. 물갈이는 수조 관리를 위한 필수 과정이기에 소홀히 해서는 안 된다. 물갈이를 주기적으로 하지 않으면 조류가 발생하고 영양소의 불균형을 초래한다.

수조 촬영 노하우

아쿠아스케이프를 완성한 뒤에는 이미지로 기록한다. 이미지는 작품 감상과 대회 출품에 사용된다. 멀리서 보이지 않는 손자국이나 얼룩, 조류들이 사진에서는 부각되어 보이므로 촬영 전에 유리의 모든 면을 최대한 깨끗하게 닦아준다.

촬영 전에는 주변의 빛은 모두 끄고 수조의 조명을 강하게 켜고, 수조의 주변을 검은색 암막으로 막아 수조에 외부의 사물이 반사되지 않도록 한다. 물이 들어있는 수조는 매질의 차이로 빛의 굴절이 생기고 난반사로 인하여 주변의 사물이 비치게 된다. 참고 사진처럼 빛이 전면으로 노출되지 않도록 암막을 만들면 반사가 되지 않아 선명하고 수준 높은 사진을 찍을 수 있다.

연출하려고 하는 상황에 따라 렌즈를 바꾸어 촬영할 수도 있다. 광각렌즈를 사용하면 원근감이 과장 되어 더욱 멀리 있는 것처럼 느껴지는데 이러한 왜곡을 활용하여 촬영해도 좋다. 표준렌즈를 사용하면 사람이 눈으로 보는 것과 비슷한 느낌이며, 망원렌즈를 사용하면 원근감이 압축되어 수초들이 실제보다 빽빽하게 있는 것처럼 연출할 수 있다. 그래서 디오라마 레이아웃을 촬영할 때는 원근감을 강조하기 위해 광각렌즈를 사용하고, 더치 레이아웃처럼 모든 요소를 자세히 보여주기 위해서는 망원렌즈를 사용해 원근감을 압축하여 평면으로 촬영하면 좋은 결과물을 얻을 수 있다.

수초의 발색을 극대화하려면 투광기와 같은 밝은 조명을 촬영 하루 전부터 인위적으로 켜준다. 이렇게 하면 수초가 화려한 붉은 색을 가지게 된다. 그러나 이 방법은 수초의 노화를 촉진 시킬 수 있으므로 일회성이다.

수조에 열대어가 있다면 히터를 켜서 온도를 높여 활동성을 올린다. 만약 촬영하고자 하는 생물이 숨어 있다면 사료보다는 냉동 장구벌레를 녹인 물을 풀어 준다. 그러면 냄새를 맡고 숨어 있던 생물들이 밖으로 나와 활발히 움직일 것이다.

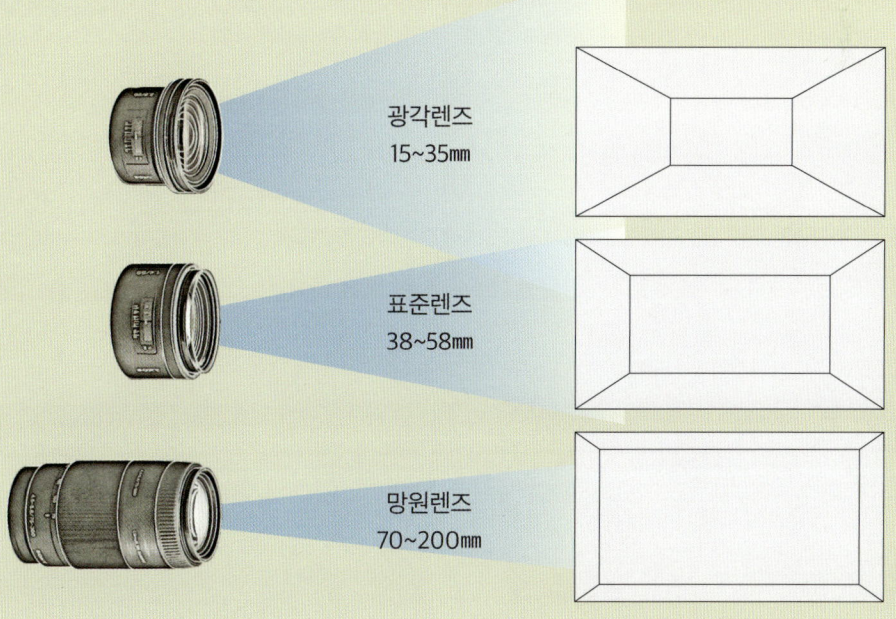

PART 2

수초
Aquarium plants

물속이나 물가에서 자라는 풀을 일러 수초라고 부른다. 수초의 종류와 형태는 매우 다양하며 지금도 새로운 종의 수초가 계속 발견되고 있다. 그러나 국내 물생활에서는 수초에 대한 용어나 구분이 뚜렷하게 정립되어 있지 않다. 수초를 전문적으로 판매하는 매장조차 애매한 방식으로 제각각 구분하고 있는 실정이다. 수초 구분의 개념 정립은 국내 물생활에서 앞으로 해결해 나가야 할 과제라고 생각한다.

 이번 파트에서는 수초의 구분과 선택부터 식재와 기르기까지, 수초에 대해 꼭 알아두어야 할 중요한 내용을 담았다. 수초의 트리밍과 번식법, 그리고 영양 관리 방법까지 낱낱이 알아보자.

Chapter 4 — 수초의 구분

국내에서 수초를 명명하는 방식은 주로 일본에서 차용되었다. 비슷한 모양의 수초가 있으면 한 가지 이름 뒤에 색상이나 지역 또는 특징을 더하여 명칭을 붙이는 방식이다. 그러나 유통되는 수초의 종류가 다양해지고 있고, 모양은 비슷해도 명확히 구분해야 하는 수초가 늘어나면서 단편적인 구분을 지양하고 있다. 단순히 유통의 편의를 위한 구분 방식이 아닌, 학명에 따른 구분법을 사용하는 추세로 바뀌고 있는 것이다.

구분법	특징	수초
배치	앞에 위치	전경 수초
	중간에 위치	중경 수초
	뒤에 위치	후경 수초
빛의 선호도	많은 빛을 요구	양성 수초
	적은 빛으로도 성장	음성 수초
형태와 특성에 따른 구분	줄기와 잎 뿌리가 구분	경엽
	줄기가 뿌리처럼 성장	근경
	한 점에서 잎이 나는 것처럼 성장	총생
	뿌리에 양분을 저장	구근
	물 위에 떠서 성장	부엽
	꽃이 피지 않고 홀씨로 번식	양치

여기서는 흔히 접할 수 있는 세 가지 수초 구분 방식을 모두 소개한다. 첫 번째는 국내 수초 관련 매장에서 사용하는 방법인 배치에 따른 구분이다. 단순히 수초를 심는 위치로 앞, 중간, 뒤를 구분하거나 수초들이 자라는 정도를 가지고 구분하는 방식이다.

두 번째는 빛의 선호도에 따른 구분이다. 많은 빛을 요구하는 수초를 양성 수초, 반대로 적은 빛으로도 성장할 수 있는 수초를 음성 수초라고 한다. 수초가 빛을 얼마나 필요로 하는가를 이해하면 식재 위치와 기르는 방식에 대해 알 수 있다.

마지막으로 특성에 따른 구분은 형태와 특징에 의해 구분하는 방법이다. 수초의 성장 상태와 번식, 손질법들에 대해 직관적으로 알 수 있는 방식이다.

배치에 따른 구분

수초 쇼핑몰 대부분이 수초를 전경, 중경, 후경 수초로 구분해 판매하고 있다. 이 명칭은 수조에 심은 수초가 사람이 바로 보았을 때 앞에 있으면 전경, 중간에 있으면 중경, 맨 뒤에 있으면 후경으로 구분하는 단순한 방법이다.

이는 키가 작은 수초를 앞에 주로 배치하고 키가 큰 수초는 뒤로 배치한다는 것을 전제로 구분하는 방법인데, 연출이나 원근감의 정도 등 여러 의도에 따라 다르게 배치될 수 있을 뿐만 아니라 수초를 다듬는 과정에서도 수초의 키가 달라질 수 있으므로 수초를 구분하는 정확한 방법으로 보기는 어렵다.

예를 들어 이와구미 레이아웃이나 평원을 표현하는 디자인은 전경 수초만 사용하여 수조 전체를 덮은 모습을 볼 수 있다. 반대로 우거진 숲이나 덩굴을 표현하기 위해 가장 앞쪽에 키가 큰 후경 수초를 심는 것도 가능하다. 또한 수초는 환경에 따라 성장 크기가 달라지는데, 어떠한 기준으로 전경·중경·후경을 구분할 것인지가 모호하다.
　이러한 이유로 기준이 정확하지 않은 분류 방식은 소비자에게 혼란을 주거나 새로운 디자인을 창작하는데 방해가 되기도 한다.

전경 수초

중경 수초

후경 수초

전경 수초

키가 최대 5㎝ 이하인 수초로, 주로 바닥에 깔려 성장한다. 옆으로 줄기를 내어 번식하는 포복형으로, 잔디처럼 바닥 전체에 낮게 깔려 성장하는 수초가 전경 수초에 해당한다. 수초를 판매하는 업체에 따라 심는 위치에 관계없이 키가 작은 소형 수초를 전경 수초로 구분해 판매하기도 한다.

중경 수초

일반적인 취미용 수조의 높이가 30~60㎝인 점을 생각해 보면, 수조 높이의 중간 정도에 해당하는 키 15~30㎝ 정도의 수초를 중경 수초로 부르곤 한다. 자연 상태의 수초들은 최대 수 미터까지 자라지만, 수조의 제한적인 환경에서는 최대 성장 크기에 한계가 있다. 위쪽으로 성장하는 수초들은 대부분 중경을 꾸밀 때 사용되는데, 주기적으로 잘라주며 크기를 조절할 수 있기 때문이다.

후경 수초

중경 수초로 구분하는 수초보다 높게 키가 계속 자라나서 수초 레이아웃의 뒤쪽에 배치되는 수초를 후경 수초라고 부른다. 후경 수초를 유경有莖 수초라고 혼재해 부르기도 한다. 그러나 엄밀히 말하면 유경은 물생활에서 잎과 줄기가 있는 모든 식물을 통칭하므로 후경수초와 일치하지 않는다.

수초가 자라나는 크기에 따라 전경, 중경, 후경으로 구분해 온 것은 수초에 대한 취미가 체계적이지 않을 때 일본에서 부르던 명칭들을 그대로 빌려 지금까지 사용했기 때문이다. 그러나 유럽이나 일본도 이제는 체계적인 구분 방법을 사용하고 있으며, 유통 명칭에 따라 무분별하게 지칭되었던 수초 이름 또한 학명으로 정확히 표기되는 추세이다. 학명은 의사소통의 수단으로 약속된 이름이므로 정확한 소통을 위해 서로가 약속한 명칭을 사용하는 것이 바람직하다.

후경 수초를 트리밍해 높낮이를 조절하여 중, 전경 수초로 사용할 수 있다.

빛을 선호하는 정도에 따른 구분

수조라는 한정된 공간에서 수초가 잘 자라기 위해서는 빛과 이산화탄소의 공급이 중요하다. 또한 구성품과 세팅에 따라 기를 수 있는 수초가 달라지게 된다. 빛이 밝은 환경에서 잘 자라는 양성 수초는 강한 조명과 많은 이산화탄소가 필요하다. 반면 음성 수초는 비교적 어둡고 이산화탄소가 적은 환경에서도 잘 자란다.

입문자에게는 적당한 장비로도 쉽게 기를 수 있는 음성 수초를 추천하는 편이다. 그러나 음성 수초가 키우기 쉬운 편이라도 관리가 필요 없는 것은 아니다. 빛이 부족한 환경에서 자라는 만큼 성장 속도가 느리기 때문에, 오히려 키우기 쉽다는 생각이 문제가 되기도 한다. 관리 소홀로 방치된 음성 수초가 조류에 뒤덮여 버리면 빛을 받지 못해 성장할 수 없다. 그러니 음성 수초가 키우기 쉬운 편이라는 것은 양성 수초에 비해 환경적인 요소가 비교적 열악하더라도 성장할 수 있다는 것임을 명심해야 한다.

나무 아래에서 이끼가 자라는 자연의 모습처럼, 여러 수초가 어우러진 아름다운 아쿠아스케이프를 만들고 싶다면 음성 수초와 양성 수초 모두 필요하다. 식물이 원하는 환경을 돌과 나무로 조성하고, 양성 수초와 음성 수초를 적절히 배치해 자연스러운 물속 환경을 만들어주는 것이다. 각각의 수초가 가진 특성을 이해하며 다른 종들과 어우러진 풍경을 만드는 것도 물생활의 재미 요소 중 하나이다.

음성 수초

음성 수초는 적은 양의 빛으로 광합성을 하기 위해 잎이 넓게 발달했으며 잎의 색도 진하다. 양성 수초에 비해 호흡이 느리고 성장 속도도 더디다. 이러한 점 때문에 조명이 약해도 키울 수 있어 입문자에게 인기가 많다. 그러나 성장이 느린 만큼 새로운 잎을 내기 전에 조류에 덮여 버리기도 한다. 일정한 수질에서 자란 음성 수초는 같은 모양과 크기로 자라지만, 여러 환경을 옮겨 다닌 수초라면 잎의 모양이 일정하지 않거나 상한 잎이 많다. 상한 잎은 복구되지 않기 때문에 미리 잘라주는 것이 좋다.

유통 과정에서 이동하며 급변하는 환경에 적응을 못 하고 잎이 녹아버리는 문제가 종종 발생한다. 이런 경우에는 환부를 잘라낸 나머지를 안정된 수질에 넣어두면 새순을 내기도 한다.

Anubias barteri var. nana 'petite'

Microsorum pteropus 'windeløv'

양성 수초

양성 수초는 빛을 좋아하며 음성 수초보다 호흡과 성장 속도가 빠르다. 또한 음성 수초에 비해 환경의 변화에 금세 적응해 새로운 잎을 낸다. 이러한 점을 이용하여 수상으로 재배하거나 조직배양으로 만드는 용이성이 음성 수초에 비해 월등히 유리하다.

양성 수초는 많은 빛을 받아 여러 물질을 합성하기에 색상과 모양도 제각각 다양하다. 뿌리, 줄기, 잎이 구분되는 경엽식물의 경우 대부분 양성 수초이며, 호흡과 성장이 빠른 만큼 수질 변화에 민감하고 결핍증상도 금세 나타난다. 만약 수초의 마디 간격이나 오래된 잎의 크기나 모양에 변화가 있는 수초라면 결핍이나 환경의 변화가 있었다는 흔적이다.

Rotala rotundifolia
'green'

Echinodorus sp.
'rubin'

수초의 형태와 특성에 따른 구분

앞서 소개한 수초의 구분 방식들은 모두 소비자와 유통업자의 편의를 위한 방법이었다. 그러나 수초를 이처럼 단순하게 구분하기에는 모호한 부분이 많다. 수초의 잎과 꽃의 형태뿐만 아니라 해부학적인 특징 및 번식 방법도 매우 다양하기 때문이다.

물생활에서 다루는 수초를 과학적인 방법으로 모두 정리하기는 어렵다. 하지만 수초가 가진 대표적인 특징에 따라 구분하면 수초가 자라고 번식하는 데 따르는 성향을 쉽게 이해할 수 있다.

수초의 특징적인 형태로 구분하는 방법은 줄기와 잎 뿌리가 구분되는 경엽, 줄기가 뿌리처럼 변형된 근경, 줄기 마디마디가 짧아 한 점에서 잎이 나는 것처럼 자라는 총생, 뿌리에 양분을 저장하는 구근, 물 위에 떠서 자라는 부엽, 꽃이 피지 않고 홀씨로 번식하는 양치로 구분할 수 있다. 수초를 단순히 식재 위치나 빛의 선호 정도에 따라 구분하는 것보다는 조금 더 깊게 수초를 이해하고 접근할 수 있도록 수초의 특징을 알아보자.

Anubias barteri var. 'nana'

Cryptocoryne wendtii

Anubias barteri var. 'petite'

Fissidens nobilis

Microsorum pteropus 'windeløv'

Chapter 4. 수초의 구분

경엽 茎葉 | Stem

뿌리, 줄기, 잎이 뚜렷하게 구분되는 수초를 경엽 수초라고 한다. 경엽 수초는 식물의 가지나 잎을 잘라낸 후 다시 심는 꺾꽂이 방식으로 번식시킬 수 있다. 일부는 잎을 떼어내 심어도 뿌리가 나는 종도 있다. 관상 수초 중 가장 많은 형태로, 같은 모양이지만 발색이 다른 종들도 많다. 카펫 수초는 줄기가 옆으로 자라는 형태로, 경엽 수초에 해당된다.

Ludwigia sp 'rubin'

근경 根茎 | Rhizome

근경 수초는 줄기가 뿌리의 형태로 변형된 수초이다. 대표적인 육상식물에는 대나무가 있다. 수초의 대명사인 아누비아스속의 수초들이 근경 수초에 속한다. 근경이 구근의 일종이기 때문에 혼용하여 부르고 있다.

Anubias barteri var. 'coffeefolia'

총생叢生 | Rosette

장미꽃 모양으로 잎이 겹쳐 나는 수초다. 총생과 경엽은 위에서 보면 같아 보이나, 측면에서 보았을 때는 경엽의 잎 간격을 아주 촘촘하게 줄여 놓은 것처럼 보인다. 쫙 벌어진 배추를 떠올리면 쉽게 이해할 것이다. 측면에서 보면 폭죽이 터지는 모양처럼 보이지만 위에서 보면 장미꽃처럼 방사형으로 잎이 둥글게 돌면서 나는 것을 볼 수 있다.

Echinodorus opacus 'Iguazu 2009'

구근球根 | Bulb

구근 수초는 줄기 또는 뿌리가 변형되어 하나의 덩어리를 만든다. 우리가 잘 알고 있는 연蓮이 대표적인 구근 수초다. 이렇게 뿌리가 변형된 수초들은 형태와 구조들이 다양하여 벌브Bulb, 콤Corm, 튜버Tuber로 세분화할 수 있지만, 편의상 알뿌리가 있으면 모두 벌브라 부른다.

Aponogeton madagascariensis

부엽浮葉 | Floating leaved plant

부엽 수초는 뿌리는 물 밑바닥에 내리고 잎은 수면에 뜨는 수초를 말한다. 부엽 수초의 잎에는 보통 작은 돌기들이 있는데 이를 모상체毛狀體라 부른다. 모상체가 물을 밀어내 잎이 물에 젖지 않은 상태로 떠다니며 살 수 있게 해준다. 우리에게 친숙한 부엽 수초로는 부레옥잠과 개구리밥이 있다.

Salvinia natans

양치羊齒 | Fern

양치식물은 꽃이 피지 않고 홀씨로 번식한다. 수초 중 양치식물은 많지 않으나 대표적으로는 미크로소룸Microsorum이 있다. 양치 수초는 키우기 쉽고 적은 광량에서도 잘 자란다. 우리가 흔히 보는 고사리와 생김새가 같으며 실제로 육상 고사리 중 물에서 자라는 종도 있다.

Microsorum pteropus 'windeløv'

Taxiphyllum alternans

이끼 | Moss

식물 중 가장 기르기 쉬운 종이 바로 이끼다. 이끼는 착생 능력이 있어 다른 물체에 붙어서 성장하는 특징이 있다. 생물들의 은신처 역할을 하기도 하고 아쿠아스케이프의 디자인에 활용되는 등 다양하게 쓰인다. 이끼는 비슷한 종류가 많아서 눈으로만 보았을 때 서로 혼동되는 경우가 많다.

　주변 계곡이나 늪에서 발견되는 이끼들은 수중에서도 자라는 종들이 많다. 실제로 상품화된 이끼들 대부분이 아시아권에 자라는 이끼가 많아 우리나라에서도 어렵지 않게 찾아볼 수 있다.

수초의 특징으로 구분하는 일곱 종류에 대해 알아보았다. 이는 해외에선 보편적으로 사용하는 분류이나 국내에선 단어도 생소하고 잘 사용되지 않았다. 그러나 최근에는 기존 구분법에 불편함을 느낀 일부 애호가 사이에서 점차 이용되고 있다. 수초 하나하나의 특징적인 형태를 알아가면 성장하고 번식하는 방법에 대해서 간접으로 알 수 있고, 수초 부위가 각각 어떤 역할을 하며 어떻게 관리해야 하는지도 이해할 수 있다.

학술적인 용어를 빌려 특징에 따라 수초를 구분하는 방식에도 분명히 오류는 있다. 대파처럼 생긴 문주란$_{Crinum}$속의 수초는 총생 형식으로 잎이 돌려나며 바닥 안 뿌리는 구근 형태이다. 또한 물고사리$_{Ceratopteris}$는 양치식물에 해당하지만, 바닥에서 심어서 키우면 총생 형으로 자라며, 잎을 떼어 물에 띄우면 부엽 형태로 자란다. 이렇게 여러 가지 특성이 있는 수초들이지만, 취미로 즐기는 물생활에서는 수초의 가장 눈에 띄는 점을 기준으로 구분하여도 무리가 없을 것이다.

Crinum calamistratum

Ceratopteris sp 'laos'

마리모는 수초일까?

모스볼Moss ball이라고도 부르는 마리모Marimo, Aegagropila linnaei는 일본과 유럽에서 자라는 조류의 일종으로, 호수 바닥에서 굴러다니며 서로 엉켜 붙어 공 모양으로 성장하는 조류이다. 일본어로 Mari는 공, Mo는 물속에서 자라는 식물이라는 뜻의 접미어로, 일본의 식물학자에 의해 마리모라는 이름이 붙여졌다. 마리모는 어디서나 키우기 쉽고, 둥그렇고 귀여운 모양 덕분에 대중적으로 사랑받는 상품이 되었다.

가끔 마리모가 수면에 뜨는 일이 있는데, 이를 보고 '마리모가 행복하면 물에 뜨며 이 장면을 본 사람은 꿈이 이루어진다'는 속설이 있다. 사실 이 현상은 물을 갈아주었을 때 수돗물에 과포화 상태로 있던 기체 또는 마리모가 광합성을 하면서 생긴 공기 방울들이 마리모에 달라붙어 위로 뜨게 되는 것으로, 전설이나 속설은 일본에서 상품화를 거치며 만든 이야기이다.

마리모의 사촌격인 클라도포라속Cladophora의 조류는 악성 조류이므로, 수조에서 제거해야 하는 대상임을 유념하자.

Chapter 5 ── 수초의 선택과 식재

수초는 농장이나 전문매장뿐만 아니라 개인이 분양하는 예도 많다. 또한 전문매장에 직접 방문하지 않더라도 인터넷 쇼핑몰에서 주문이 가능하다. 이렇게 수초를 구매할 수 있는 경로가 다양한 만큼 주의해야 할 점이 있다. 매장에서 직접 키운 수초는 기본적으로 국내 수질에 잘 적응하며 성장한 수초이므로 상태가 좋은 편이지만, 간혹 발색이 지나치거나 영양분 결핍 등에 의해 불균형하게 자라는 일도 있으므로 매장에 방문해 직접 보고 선택하는 것이 가장 좋다. 또한 해외에서 수입되어 온 수초들은 배송 도중에 짓물러질 확률이 높고 노지에서 자라난 수초를 그대로 가져와 심으면 수조에 달팽이가 번식하거나 조류가 생겨날 수 있다.

최근 들어 조직배양으로 키워진 수초들이 많이 판매되고 있는데, 간혹 돌연변이가 나타날 수 있는 단점이 오히려 희귀 수초로 취급되어 고가에 거래되기도 한다. 하지만 이런 돌연변이는 대부분 영양 결핍으로 생긴 색채 변이가 많고, 실제로 물에서 키웠을 때 성장하지 않거나 다시 본래 형질로 돌아오는 때도 있다. 또한 뿌리 형성이 잘 안 되는 일도 있고 뿌리를 내더라도 수조에 식재 후 적응하지 못하거나 뿌리 기능을 상실하여 죽는 일도 있으므로 터무니없이 고가에 판매되는 수초는 거래에 주의해야 한다.

건강한 수초 선택법과 주의사항

수초를 구매하려고 보면 다양한 방식으로 수초가 유통되는 것을 알 수 있다. 비닐봉지에 담겨 있기도 하고 포트나 플라스틱 통에 담겨 배송되기도 한다. 일본의 경우 대부분 농장에서 수초를 받아와 판매하는데, 우리나라에서는 매장마다 수초를 직접 키워서 판매한다.

비록 택배를 통해 간편하고 효과적으로 유통되고 있지만, 수초는 눈으로 보고 선택하는 것이 제일 좋다. 수초의 상태를 직접 확인하면서 본인의 수조에 비해 수초가 너무 크지는 않은지, 발색이 화려해서 생명주기의 막바지에 있지는 않은지 확인해야 한다. 또한 바닥에 심지 않고 물에 오랫동안 띄워 놓은 수초라고 한다면 작은 곁가지들이 나 있거나 휜 형태가 많다. 크기가 작고 마디마다 새순만 내는 수초의 경우, 뿌리의 성장이 좋지 않은 것이므로 피해야 한다.

다른 수초에 비해
너무 크게 자란 수초

비정상적인 성장으로
잔뿌리가 난 수초

수면에서 오래 성장해
휘고 잔뿌리가 난 수초

수초의 건강 상태 확인과 유지

수초를 건강하게 키우고 관상하기 위해 가장 주의해야 할 점은 개구리밥, 달팽이, 조류, 깁바와 같은 불청객이 유입되는 문제다. 특히 우트리쿨라리아 깁바Utricularia gibba는 잔디처럼 생긴 카펫 수초인 우트리쿨라리아 그라미니폴리아Utricularia graminifolia과와 같은 통발속의 수초로, 가느다란 줄기와 작은 생물을 잡아먹는 포충낭을 갖고 있다. 줄기가 잘 끊어지고 눈에 띄지 않는 편이라 수초 구매 시 함께 수조에 유입될 가능성이 크다. 전 세계적으로 퍼져 있으며 번식률과 생존율이 높고 성장이 빨라 수초들 틈에서 엄청난 양으로 자라 관상을 방해한다. 골치 아프게도, 쉽게 끊어지고 눈에 띄지 않는 편이기 때문에 수조 전체를 다시 세팅하지 않는 한 완벽하게 제거하기 힘들다.

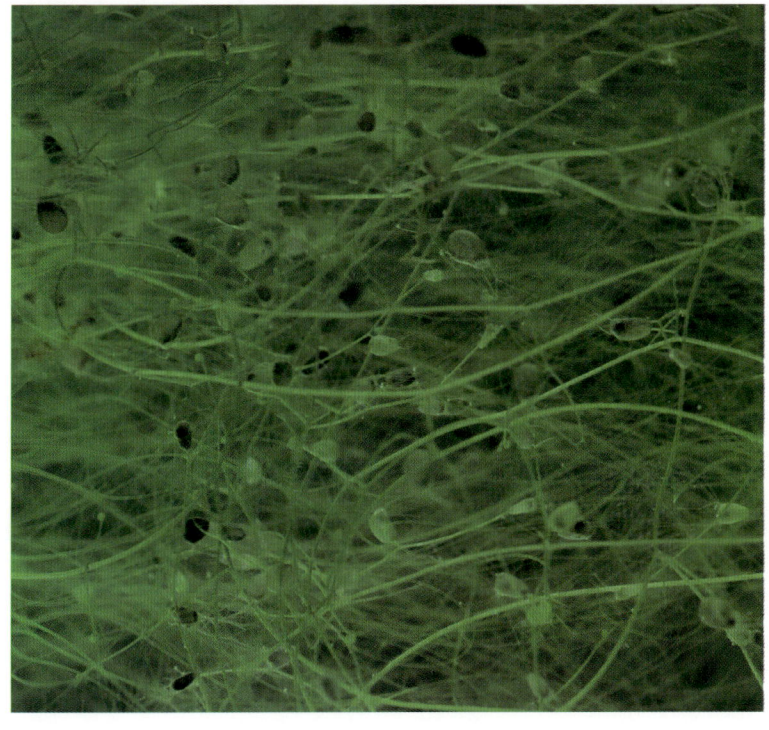

우트리쿨라리아 깁바와 실 조류가 뒤엉켜 있다.

아쿠아스케이프를 꾸밀 때는 수초뿐만 아니라 모래나 돌, 나무 등 자연에서 온 소재를 함께 사용하게 된다. 물론 자연에는 조류와 달팽이 같은 생물들도 함께 서식하므로 자연스럽다고 생각할 수 있겠지만 수조라는 한정된 공간에서는 경관을 해치는 요소에 불과하다. 따라서 수초나 장식물들을 수조에 넣기 전에 꼼꼼히 검역하여 조류와 달팽이 등을 씻어내 피해를 예방하도록 하자.

조류에 뒤덮이면 빛을 받을 수 없어 정상적인 생장이 불가하다.

우트리쿨라리아 깁바는 관상을 방해하기에 수조에서 제거해야할 대상이지만, 아름다운 꽃이 피기에 이를 수집하는 애호가도 있다. 사진은 우트리쿨라리아 그라미니폴리아의 꽃.

검역제를 투하해
수초의 검역을 진행한다.

수초의 검역

　무균 조직배양 수초가 아니라면 외부에서 구매하거나 가져온 수초에는 조류나 달팽이 같은 불청객이 함께 있을 수 있으므로 검역은 필수다. 단, 대부분의 이끼와 양치 수초들은 매우 약하므로 너무 오랜 시간 검역을 하면 죽어버릴 수 있으니 주의해야 한다. 구연산을 사용하여 달팽이, 지렁이, 거머리 등의 수조 유입을 피해야 하는 생물을 제거할 수 있다. 구연산과 물을 1 : 100의 비율로 섞어서 수초를 30~60초 정도 담가 두었다가 흐르는 물에 씻으면 된다. 락스의 경우도 구연산과 같은 비율과 방법으로 사용하면 된다. 그러나 대략적인 비율과 시간만으로는 완벽한 검역이 어려우니, 중요한 수초라면 전용 검역제를 구매하여 사용하는 것이 좋다.
　대회 출품을 준비하거나 중요한 종자가 있어 특별히 관리해야 하는 수조의 경우라면 검역을 했더라도 바로 수조에 넣는 것은 위험하다. 검역 후에도 육안으로 보이지 않는 조류나 달팽이 알이 남아 있을 수 있기에, 여유가 있다면 사전 검역용 수조에 심어 일정 기간 키우며 검사하는 것이 바람직하다.

수초의 판매 형태에 따른 손질과 식재

수초는 다양한 형태로 유통되고 있다. 수중 혹은 수상 재배된 수초를 자른 형태, 재배한 수초를 포트에 꽂아둔 형태, 작은 플라스틱 통에 조직배양을 하여 판매하는 형태, 그리고 돌이나 나무 또는 철망에 착생 수초를 붙여 판매하는 형태가 대표적이다.

이렇게 구매한 수초는 심기 전에 손질이 필요하다. 수초의 손질은 달팽이나 조류의 유입을 사전에 방지해줄 뿐만 아니라 수초가 더 잘 자라게 해준다. 또한 이끼나 양치식물처럼 바닥재가 아닌 다른 물체에 착생하여 성장하는 수초를 활착시키는 방법도 알아두어야 할 것이다.

페트캔, 배양 배지의 수초 포장 방식. 특히 캔 형태의 페트 용기는 배송 중 충격에 의한 파손이나 수초의 손상을 최소화 할 수 있다.

줄기형 수초

줄기 형태의 수초는 마디를 절단하거나 수중에서 뿌리째 뽑아 판매하는 방식이 가장 일반적이다. 아무리 관리가 잘되고 있는 축양 시설이라도 매장은 다양한 생물들이 드나드는 곳이므로 달팽이나 조류 같은 불청객들이 함께 따라 들어오기 쉽다. 그러므로 원치 않는 외부 유입물에 대해 항상 신경 써서 검역해야 한다.

검역이 끝났다면 수초의 상한 잎을 제거한다. 재생 능력이 없는 잎은 상처가 나면 점점 썩어 버린다. 이런 잎을 수조에 두는 것은 죽은 물고기를 수조에서 꺼내지 않고 그대로 두는 것과 다름없다. 수질에 악영향을 미칠 뿐만 아니라 미관을 해치는 요소이기도 하니 반드시 제거해야 한다.

수초의 뿌리 역시 잘라주어야 한다. 가져온 수초를 뿌리째 그대로 심더라도 이전의 뿌리는 제대로 기능하지 못한다. 게다가 손상된 뿌리에서부터 썩기 시작해 수초 전체의 생장을 방해하고, 비정상적으로 성장한 뿌리는 미관을 해치기도 한다. 반드시 뿌리를 깔끔하게 손질하고 난 뒤 심도록 하자.

손질을 마쳤으면 수초들의 키를 맞춰준다. 꺾꽂이 줄기 수초의 경우, 길이를 맞추지 않고 그대로 심으면 수초들이 우후죽순 자라나 불균형한 라인을 만들어 지저분한 느낌을 준다. 게다가 먼저 자라나는 수초가 조명의 빛을 막으므로 키가 작은 다른 수초들의 성장을 방해할 수도 있다. 종자 수집을 위한 수초가 아니라면 다듬어야 하는 부분은 과감하게 잘라 버리고서 심도록 한다.

❶ 수초의 위쪽 끝부분을 기준으로 정렬한 뒤, 아래쪽의 지저분한 잎과 뿌리를 제거하며 키를 맞춘다.
❷ 키를 맞춘 부분을 따라 수초를 자른다.
❸ 자른 부분을 정리한다.
❹ 심기 편리하도록 한 줄기씩 나누어 준비한다.

Chapter 5. 수초의 선택과 식재

포트형 수초

식물을 화분에 심듯 수초 역시 각각의 포트에 담아 판매하기도 한다. 경엽, 근경, 양치, 총생 등 뿌리가 있는 종류의 수초가 이에 해당하며 대체로 토분에 심는다. 이렇게 포트 형태로 판매되는 수초의 경우 대부분 수상엽의 상태로 키워낸 수초를 10촉 정도 일정한 크기로 잘라 솜이나 섬유에 감싸고 포트에 꽂아 길러낸 것이다.

  포트를 그대로 수조에 넣으면 처음에는 잘 자라는 듯 보인다. 하지만 이는 수초가 가지고 있는 자체 양분으로 성장을 하는 것인데, 그대로 두면 뿌리는 포트에 갇혀 있는 상태가 지속되어 더 이상 성장을 못 하고 죽게 된다. 따라서 포트에 심어진 수초 역시 포트에서 분리해 뿌리를 다듬고 심어야 한다.

  우선 포트에서 수초를 빼내고 솜이나 석면 섬유들을 깨끗하게 제거한다. 포트에 담은 지 얼마 되지 않은 수초라면 뿌리가 거의 없겠지만, 어느 정도 성장한 상태라면 포트 안이 뿌리로 가득 차 있을 수 있다. 이때 억지로 뜯어내듯이 제거하지 말고 흐르는 물로 조심스럽게 섬유를 제거한다. 이후 수초들을 각각의 개체로 분리한 후, 앞에서 소개했던 기본적인 수초 손질법으로 상한 잎을 제거하고 뿌리를 짧게 자른 뒤 심도록 한다.

❶ 포트에 담긴 수초.
❷ 수초를 포트에서 꺼낸다.
❸ 손질을 위해 뿌리를 감싸고 있던 솜을 제거한다.
❹ 각각을 분리해 상한 잎을 제거하고 뿌리를 짧게 자른다.

Chapter 5. 수초의 선택과 식재 145

조직배양형 수초

배지培地, Culture medium
식물이나 세균, 배양 세포 따위를 기르는데 필요한 영양소가 들어있는 액체나 고체.

조직배양형 수초는 플라스틱 통의 바닥에 **배지**를 깔고 조직배양으로 키워내는 수초들로, 주로 유럽과 싱가포르에서 많이 유통된다. 최근에는 국내 업체에서도 생산하여 유통하고 있다. 배지에서 깔끔하게 자라므로 조류나 달팽이 같은 불청객의 유입이 차단된다.

  조직배양형 수초는 일반 수초에 비해 값이 비싸고 종류가 다양하지 않다는 제약이 있다. 그리고 수입 수초의 경우 유통과정이 길어지다 보니 건강하지 못한 상태로 판매되기도 한다. 조직배양으로 재배를 하다 보면 간혹 일부 엽록체가 부족해 흰색이나 분홍색 돌연변이가 나오기도 하는데, 이 돌연변이들은 특이성으로 인해 또 다른 상품이 되기도 한다.

  기본 손질법은 포트형 수초와 같으며, 컵에서 뿌리를 잡고 있는 배양 배지를 흐르는 물에 씻어 분리할 수 있으므로 간편하고 청결한 편이다. 조직배양형 수초에서는 카펫 수초가 가장 인기가 많다. 뿌리가 짧은 카펫 수초는 수류나 생물들에 의해 쉽게 뽑히기 때문에 심을 때 잎이 보이지 않을 정도로 깊이 심는 것이 오히려 좋다. 어디에 심었는지 알 수 있을 정도로만 조금의 잎만 남겨놓고 깊게 심도록 하자. 밀도 있는 분위기를 연출하고 싶다면 적당한 양을 잘라 덩어리째 심어도 괜찮다.

❶ 배지에 심어져 있는 수초.
❷ 수초의 상태를 확인하고 필요한 만큼 잘라낸다.
❸ 핀셋으로 적당량을 집어 심는다.
❹ 밀도 있게 표현하려면 덩어리째로 심어도 된다.

활착형 수초

수초를 처음 기른다면 빛이 적어도 잘 자라는 음성 수초와 어디든 잘 붙어 자라나는 활착형 수초를 가장 먼저 추천한다. 특히 활착형 수초는 돌이나 유목 위에서 퍼지도록 하거나 긴 나뭇가지를 감싸도록 연출할 수 있다. 나무나 돌 등에 활착된 상태로도 판매하고 있으며 수상 재배된 제품도 있다.

 만약 활착형 수초를 구매했다면 잎과 잔뿌리는 제거하고 새로이 키운다고 생각해야 한다. 성장이 더디고 유연하지 못한 잎들이 운반 중에 상하기도 하고, 물 밖에서 길러낸 수상엽은 수중에서 적응하지 못하는 경우가 많기 때문이다. 일부 아쿠아스케이퍼는 잎을 모조리 잘라내고 몸통 줄기만 활착하여 사용하는 때도 있는데, 근경과 같은 수초의 경우 잎의 크기보다는 몸통 줄기 부분이 튼튼해 보이는 것을 선택하는 편이 더 좋다.

 이끼는 돌이나 나뭇가지의 윗면에 실로 감아 고정할 수도 있다. 이끼를 여러 방법으로 활착하여 다양한 분위기를 연출해보자. 이끼를 잘게 다져 실로 감으면 좀 더 촘촘하고 매끈한 분위기의 형태를 연출할 수 있다. 자연스러운 모습을 원한다면 이끼를 다지지 않고 감은 후, 심하게 튀어나온 부분을 가위로 잘라주도록 한다.

수초 활착하기

❶ 수초의 잔뿌리를 제거한다.
❷ 자르고 남은 뿌리에 접착제를 발라 활착판에 붙인다.

이끼 활착하기

❶ 이끼를 잘게 다져 나뭇가지에 올린다.
❷ 실이나 낚시줄로 감는다.

바닥에 심는 수초의 식재 방법

  수초를 바닥에 심기 위해 핀셋을 이용한다. 길이와 모양에 따라 다양한 핀셋이 있는데, 바닥재의 특성에 따라 적절한 핀셋을 선택한다. 소일용의 가는 핀셋, 모래 및 자갈용의 굵은 핀셋, 크기가 작은 카펫 수초를 심기 위한 짧은 핀셋 등 일자 형태의 세 가지 핀셋만 있어도 충분하다.

  수초의 뿌리를 바닥에 심을 때에는 수직 방향으로 꽂는 것이 아니라 대각선 방향으로 비스듬히 심는다. 비스듬히 심어야 물보다 가벼운 수초가 바닥에서 빠져나오지 않도록 하는 데 도움을 주기 때문이다. 제대로 심지 않으면 새우나 바닥에 서식하는 물고기, 혹은 수류에 의해 뽑혀버릴 수도 있으니 주의하며 심도록 한다. 수초끼리 상하좌우 2~3cm의 간격으로 심으면 적당하다.

비스듬히 심기 ⟶ 핀셋 벌리기 ⟶ 핀셋 뒤로 빼기

(그림과 다르게 수초를 핀셋과 일자가 되도록 잡아 작업해도 무관하다)

Chapter 6 ──── # 수초의 트리밍과 번식

아쿠아스케이프는 특정 수초만 크고 높게 기르기보다는 다양한 수초가 어우러지는 경관을 즐기려는 목적이 더 크다. 그래서 아무리 고가의 희귀한 수초를 심었더라도 트리밍Trimming을 소홀히하여 수조에 뒤엉킨 수초는 물속의 경관이라기보다는 잡초 더미에 불과해 보인다. 그래서 수초의 잎과 줄기를 다듬는 작업인 트리밍은 아쿠아스케이프를 완성하는 마지막 단계다. 트리밍은 수초를 더욱 풍성해 보이도록 하며 수조 내 경관의 모양과 라인을 만들어준다.

수초를 심고 난 뒤 어느 정도 자랐다고 생각될 때 레이아웃을 위한 첫 트리밍을 하게 된다. 처음 심을 때 다듬기는 했지만, 수초가 자라나면서 삐쭉빼쭉하게 불규칙한 형태가 되고 대체로 숱도 적어 보인다. 그래서 수초 식재 후 처음하는 트리밍에는 수초가 잘린 부분에서 두 개의 싹이 나오는 성질을 이용한다. 수초의 아래쪽 마디를 자르면 줄기가 두 배씩 늘어나 풍성한 군락을 이룰 수 있다.

　트리밍하고 남은 수초는 버리지 말고 부족한 곳에 다시 심는다. 뿌리와 잎이 그대로 있는 수초를 심으면 잎은 녹아 없어지고 뿌리도 새롭게 내리게 되므로, 미리 잔뿌리와 잎을 제거하고 심는다. 처음 레이아웃을 할 때의 주된 목적은 모양을 내는 것 이상으로 수초가 원하는 위치에 골고루 자리 잡을 수 있도록 하는 것에 있다.

수초 다듬기

트리밍의 목적은 수초의 정리이며 추가적으로 번식의 효과를 얻을 수 있다. 부분적으로 생장을 촉진시키거나 억제하여 원하는 모양으로 성장시켜 미적가치를 높이고 병든 줄기를 제거하여 보다 건강하게 성장할 수 있도록 도와준다. 마구잡이로 성장한 수초들을 어떻게 트리밍하는지에 대해서 알아보자.

기본적인 트리밍 방법

수초를 감상하는 위치와 스타일에 따라 레이아웃 형태는 다양하나 대체로 수조 정면을 기준으로 앞에 있는 수초는 낮게, 뒤에 있는 수초는 길게 남도록 다듬는 것이 트리밍의 기본이다. 수조의 측면에서 보면 사선을 따라 정돈되는 것이다.

   수조의 제한된 공간 안에 심어져 있는 수초들은 서로를 밀어내며 양분과 빛을 가져가기 위해 경쟁한다. 트리밍은 수초들을 아름다운 형태로 유지하는 역할뿐만 아니라 노화된 잎과 줄기를 제거하여 수초가 더 건강하게 성장할 수 있도록 해준다. 즉, 트리밍은 야생 못지않게 치열한 수조 안 생태계에서 모든 수초가 건강하게 자랄 수 있도록 도움을 주는 작업이다.

기본적인 트리밍 방향

첫 번째 트리밍이 끝나고 다시 수초가 어느정도 자랐을 때쯤, 수초들의 성장 속도를 고려하면서 전체적으로 모양을 만드는 두 번째 트리밍을 한다. 첫 번째 트리밍이 정리와 빈 곳을 채워주는 게 목적이라면, 두 번째 트리밍부터는 전체적인 모양을 잡는 것이 목적이다. 무성해진 수초들의 자를 곳을 양옆에서 미리 확인한다. 한곳에서만 바라보고 자르다 보면 잘라야 하지 않을 곳을 자른다거나 라인이 비뚤어지기 쉬우니 유리에 선을 그어놓으면 작업이 수월해진다.

서로 다른 수초가 겹치는 부분은 앞쪽 수초는 뒤쪽 수초보다 높게, 뒤쪽 수초는 앞쪽 수초보다 낮게 트리밍하는 것이 좋다. 보통 더 길게 자라는 수초의 성장 속도가 빠르며 뒤쪽에 자리한 수초는 조명과의 거리가 앞쪽 수초보다 가까워서 두 수초의 성장 속도는 더욱 차이가 난다. 따라서 뒤쪽에 있는 수초와 앞쪽에 있는 수초가 만나는 곳을 더 짧게 잘라주어야 뒤쪽 수초가 앞쪽의 수초를 덮어버리는 상황을 방지할 수 있다. 여러 번의 트리밍으로 수초들의 모양과 성장 속도의 균형을 잡아주면서 작품을 완성한다. 때에 따라 번식력이 좋고 성장 속도가 압도적으로 빠른 수초가 있다면 그 수초를 다듬으면 된다.

트리밍 할 때는 한 번에 과감하게 많이 자르면 안 된다. 옆에서 봤을 때엔 직선의 모습이지만 앞에서 바라보면 레이아웃의 형태에 따라 표현하고자 하는 수초군락의 모습이 다르기 때문이며, 일자 형태의 가위를 사용한다면 더욱이 여러 방향에서 수초들의 라인을 확인하면서 조금씩 트리밍해야 원하고자 하는 디자인을 만들 수 있다.

❶ 첫 트리밍 후 수초가 자라며
빈 공간을 메웠다.

❷ 다른 종끼리 만나는 경계는
뒤쪽의 수초를 더 짧게 트리밍한다.

❸ 경계에 있는 수초가
자연스럽게 자랐다.

노화 및 손상에 의한 트리밍

수초를 오랫동안 기르다 보면 더 이상 성장하지 못하고 노화되어 시드는 오래된 줄기와 잎이 생긴다. 나무처럼 위로 성장하는 경엽 수초는 오래된 잎이 아래쪽에 있고, 장미꽃처럼 안쪽에서부터 바깥쪽으로 성장하는 총생 수초는 오래된 잎이 외곽에 위치한다. 비교적 성장이 느린 양치식물과의 음성 수초는 노화나 조류에 덮여 더 이상 성장하지 못하는 일도 있다. 이렇게 노화된 수초의 잎을 제거해주는 작업 역시 트리밍에 해당한다.

근경이나 구근 수초를 손질하는 방법은 비교적 단순한 편이다. 상한 잎이나 잔뿌리를 제거하고 돌이나 나무에 활착시키거나 바닥에 곧바로 심으면 된다. 성장이 느리며 비교적 견고한 잎을 만드는 근경 수초와 대부분의 양치 수초의 경우 급격한 환경 변화에 적응하지 못하고 잎이 녹아버린 뒤 새순을 내곤 한다. 잎이 녹은 곳에 세균이 침투하여 죽는 일도 있으니 녹는 것을 발견하면 칼로 깔끔하게 제거하고 환부를 식물 상처 보호제나 순간접착제로 막아주면 도움이 된다. 상한 부분을 제거하고 물에 몸통 줄기 부분을 넣어두면 새로운 싹이 나오게 된다. 다른 수초에 비해 크기가 너무 비대해지는 경우 잎을 잘라주어야 전체적인 레이아웃 비율을 조절할 수 있다.

수류, 빛, 영양분이 부족하거나 과다할 때 수초의 성장보다 조류의 번식이 빨라 수초를 덮는 일도 있다. 특히 붓 조류, 사슴뿔 조류 같은 악성 조류는 약품을 쓰지 않고 제거하기가 아주 힘들기 때문에 환부가 크지 않다면 발견 즉시 조류가 번식한 잎을 잘라내어 버리는 것이 좋다.

❶ 잎의 노화와 달팽이로 인해 피해 입은 상태.
❷ 수질에 적응하지 못해 죽은 수초.
❸ 트리밍 시기를 놓쳐 뒤엉킨 수초.
❹ 악성 조류인 붓 조류에 뒤덮인 상태.

수초 번식하기

지상의 식물처럼 수초 역시 다양한 방법으로 번식하는데, 특별한 종이 아닌 이상은 가정에서도 번식시키기 쉽다. 경엽 수초는 꺾꽂이, 근경 수초는 뿌리 분할, 총생 수초는 포기 나누기, 양치식물은 포자 번식 등의 방법을 사용한다.

트리밍하고 남은 수초는 번식에 활용할 수 있다. 지금 당장 사용할 것이 아니라면 밀봉 가능한 플라스틱 반찬통 바닥에 물에 적신 키친타월을 깔고 수초를 넣은 뒤, 다시 물에 적신 키친타월로 덮어 냉장 보관하면 2주 정도 보관할 수 있다. 건강하지 않은 수초는 금세 짓무르기 시작하고 주변 수초까지 죽이게 되므로 자주 확인해야 한다.

트리밍한 수초를 분양하거나 와비쿠사의 형태로 만들어 새로운 형태로 수초를 즐길 수도 있다. 또한 수초들은 꼭 한 가지 방법으로 번식하는 것이 아니라 여러 번식 방법이 가능한 수초도 있다. 곡정초속 Eriocaulon은 씨앗으로 번식하는 동시에 포기 나누기도 가능하다. 국내종은 멸종위기인 물부추속 Isoetes이 포자 번식을 하는데, 수조 환경에서는 번식하기 매우 힘들다.

줄기형 수초의 번식

줄기 형태의 수초는 기르기가 쉬워 입문자가 많이 찾는 수초다. 줄기와 잎의 구분이 뚜렷하고, 잎이 여러 장 있는 경엽 수초들은 대부분 줄기를 꺾어 꽂는 꺾꽂이 방식으로 번식할 수 있다. 만약 수초에 마디가 있다면 어느 부분을 잘라서 심어도 새싹이 난다. 특정 수초들은 잎에서도 뿌리가 나와 성장하는 예도 있는데, 이렇게 잎을 꽂아 번식하는 방식을 잎꽂이라고 부른다. 이러한 배양 방법으로 배지에 키워내면 좁은 의미의 조직배양이 된다. 육상식물에서 대표적인 잎꽂이 형태로는 다육식물이 있는데, 잎을 떼어내어 물에 살짝 담가 두면 뿌리가 자란다.

자른 곳 아래쪽 마디의 생장점에서 잎이 두 갈래로 난다.

포복형 수초의 번식

카펫Carpet 수초라고 불리는 포복형 수초는 더 이상 옆으로 자랄 땅이 없으면 자신을 덮어버리며 위로 성장한다. 동호인들 사이에서 일명 '공중 부양'이라고 불리는 이 현상은, 위로 올라간 수초가 아래쪽 수초의 광합성을 방해하여 결국 바닥에 내린 수초 뿌리들을 죽게 만든다. 그러다 어느 순간에는 카펫 수초 전체가 물 위로 떠오르게 된다. 잔디처럼 수조 전체로 뻗어 있는 멋진 모습에 가위를 대는 것이 아까워 방치하다 보면 이런 불상사가 발생하고 만다.

카펫 수초는 줄기를 타고 옆으로 번식하는 종으로 뿌리가 짧고 잎도 작은 편이다. 그래서 옆으로 뻗은 줄기의 연결 부위 사이를 잘라서 심으면 된다. 만약 잘라내지 않은 상태로 한곳에 심게 된다면 다른 곳에 비해 밀집되어 둥그런 무덤처럼 볼록 튀어나오는 모양이 될 수 있다.

뿌리가 짧고 잎도 작아 한 촉씩 분리하기가 까다로운 종은 덩어리로 잘라서 식재하기도 한다. 특히 헤미안투스 칼리트리코이데스Hemianthus callitrichoides와 우트리쿨라리아 그라미니폴리아Utricularia graminifolia 같은 뿌리가 짧은 종류는 덩어리로 심는 편이 좋다.

줄기 형태의 포복형 수초 중 바닥 아래로 지나가는 것을 지하경이라 하고 바닥 위로 기어 다니는 것을 지상경이라고 부른다. 지하경으로 번식하는 크립토코리네속Cryptocoryne의 경우 바닥으로 들어가 어디로 나올지 모르기 때문에 자주 관찰하여 **곁엽조**를 미리 잘라주는 것이 좋다. 일반적인 줄기형 수초와 마찬가지로 마디를 잘라서 심으면 된다.

곁엽조側葉條, Offshoot
원줄기에서 뻗어 난 잎과 가지를 말한다.

옆으로 길게 자란 수초의 마디마디를 자른 뒤
나뉜 수초를 일정한 간격으로 심으면 잔디처럼 깔리면서 자란다.

Chapter 6. 수초의 트리밍과 번식

근경 분할 번식

근경 형태의 수초들은 줄기가 뿌리처럼 변형된 부분에 영양을 저장하는 동시에 번식 기관으로도 사용한다. 근경 수초의 구근 부분을 잘라내면 거기에서 새순이 난다. 이때 절단면에 세균이 들어가면 수초가 죽을 수 있으므로 접착제나 식물 상처 보호제를 단면에 발라주면 외부의 해로운 세균을 막는 데 효과적이다.

　근경의 번식을 위해서는 먼저 길게 자란 뿌리와 상한 잎을 제거하고, 원하는 크기만큼 마디를 잘라낸다. 잔뿌리는 실로 활착할 때 빠져나오지 않도록 깔끔하게 제거하고, 활착을 위해 접착제를 사용한다면 접착제를 붙일 만큼 잔뿌리를 남겨두는 것이 좋다.

❶ 노랗게 변하거나 찢어진 잎은 제거하고 잔뿌리를 1~2cm정도 남겨주고 정리한다.
❷ 뿌리와 줄기를 원하는 개수만큼 예리한 칼이나 가위로 자른다. 근경 수초는 경엽 수초와 다르게 잎만 자르면 번식하지 못하고 죽는다.

포기 나누기 번식

크립토코리네Cryptocoryne, 곡정초Eriocaulon, 에키노도루스Echinodorus, 아포노게톤Aponogeton 등의 대표적인 총생 수초를 번식할 때 포기 나누기를 한다. 특히 곡정초과Eriocaulaceae는 씨앗 번식을 하며 곁엽조를 만들지만, 씨앗 번식은 시간이 오래 걸리고 본뿌리에서 여러 촉이 뭉쳐서 성장하기 때문에 포기 나누기가 수월하다. 부상형 수초들 역시 곁엽조를 만들어 번식하며, 어느정도 성장을 하면 연결 줄기가 녹아 없어지고 새로운 개체가 된다.

포기 나누기를 할 때는 총생 수초의 무성한 뿌리를 짧게 잘라낸 뒤, 날카로운 칼로 몸통을 반으로 가른다. 날이 무딘 가위로 자르면 수초가 으스러지는 경우가 있으므로 날카로운 칼을 사용하자. 만약 크기가 큰 수초라면 상황에 따라 2~8등분까지 포기 나누기를 한다.

❶ 잔뿌리는 짧게 자른다.
❷ 수초 가운데를 나눈 뒤, 위에서 아래 방향으로 날카로운 칼로 가른다. 만약 잘랐을 때 흰색의 중간 심지가 너무 작다면 더 이상 나누지 않는 것이 좋다.

포자 번식

근경 형태인 볼비티스Bolbitis, 미크로소룸Microsorum은 근경 분할 뿐만 아니라 양치식물의 특징인 포자 번식을 통해서도 번식할 수 있다. 미크로소룸은 잎의 뒷면에 있는 포자에서 **부정근**이 나오는데, 잎을 떼 뒤집어서 돌이나 나무에 실로 감아놓으면 자연적으로 포자가 생겨 번식이 이루어진다. 관상용으로 키우는 이끼의 경우 잘게 자르거나 다져도 포자에 의해 번식을 한다.

부정근不定根
제 뿌리가 아닌 줄기 위나 잎 따위에서 생기는 뿌리

양치류는 잎의 뒷면에 일정한 간격으로 씨앗이 생긴다.
수중에서 씨앗이 자연번식을 하여 딸개체가 만들어지는데,
이것을 그대로 옮겨 심으면 새로운 개체가 자란다.

바닥에 배지를 깔고
조직배양으로 키워낸 수초.

Chapter 7 ──── # 수초의 영양 관리

수초를 키우는 물생활에 처음 입문하면서 웬만한 장비를 갖추었다면 그다음에 눈에 들어오는 것은 비료다. 그래서 종합비료나 수질 관리에 도움을 주는 제품을 찾아 사용해 보아도 유독 잘 자라지 못하는 수초가 있다. 바닥에 아무리 많은 비료를 넣어주더라도 색이 변하거나 구멍이 생기는 모습을 보기도 한다. 그것은 초기 세팅의 수질 문제일 수도 있고 앞서 '리비히의 최소량의 법칙'을 설명한 것처럼 한 가지 영양분의 결핍이 전체 균형을 깨트렸기 때문일 수도 있다.

  수초를 잘 키우는 사람이라도 모든 수초를 골고루 잘 키우기란 여간 어려운 일이 아니다. 수초마다 좋아하는 수질이 다르고 남들과 같은 제품으로 세팅하더라도 지역마다 수질에 차이가 있으므로 미생물의 상황이 다를 수밖에 없다. 또한 모든 수초가 만족할 수 있는 신비의 비료는 없으므로 수초들을 하나씩 관찰하면서 특정 영양분의 결핍에 따른 증세를 파악하고 해결 방법을 찾아야 한다. 처음에는 어렵겠지만 꾸준히 수초에 애정과 관심을 두고 살펴보며 관리한다면 경험이 쌓여 자신만의 데이터를 축적할 수 있을 것이다.

❶ 플로리시 엑셀. 시켐Seachem사의 제품으로, 의료 소독 및 방부용으로 사용되는 글루타르알데히드Glutaraldehyde의 희석액이다. 본래 탄소공급을 위해 만들어진 제품이나, 과사용 시 부작용으로 붓 조류와 일부 조류를 제거하는 효과가 알려져 물생활에 필수적인 제품이 되었다.

❷ 스페셜라이즈드 뉴트리션. 트로피카Tropica사의 종합 액체 비료로, 질소를 포함하고 있는 제품이다.

❸ 프로플로라 페로폴. JBL사의 철 액체비료로, 수초의 생장에는 적은 양의 철만을 필요로 하지만 철 결핍은 빈번히 일어나기에 자주 사용하는 제품이다.

❹ 이니셜 스틱. 테트라Tetra사의 바닥 비료로, 대표적인 고체 형태의 칼륨비료이다.

수초의 영양 상태 확인하기

영양 결핍에 대해 알아보기 전에 가장 먼저 확인해야 하는 것은 바로 수질이다. 수질의 정도를 말해주는 지표는 많지만, 수초의 상태에 문제가 있다면 우선 pH를 확인해야 한다. pH가 약산성으로 유지되지 않으면 영양소들이 서로 결합하거나 수초가 흡수할 수 없는 상태로 변할 수 있기 때문이다.

만약 6.5 내외의 pH라면 먼저 CO_2 농도를 확인한 다음에 다량 원소, 미량 원소의 순서로 영양 상태의 결핍을 확인하도록 한다. 결핍 증세가 보일 때 비료를 먼저 투입하여 영양분을 충분하게 만들더라도 pH와 CO_2 공급이 제한적이라면 식물이 영양소를 활용할 수 있는 기본환경 자체가 조성되지 않는다. 그러므로 반드시 pH와 CO_2를 먼저 확인해야 한다.

수초의 영양 상태 확인 순서

❶ pH가 6.5 내외인지 확인한다.
❷ CO_2 농도를 확인한다.
❸ 다량 원소 영양 상태를 확인한다.
❹ 미량 원소 영양 상태를 확인한다.

시약을 사용해
물의 pH를 측정한다.

pH · GH · KH

수질의 특성을 나타내는 지표는 다양하지만 아쿠아스케이프에서 알아두어야 할 대표적인 지표 세 가지는 pH, GH, KH이다.

pH는 수소이온의 농도를 수치화한 것으로, 수초를 키우기 위한 적정 범위는 약산성 수질인 6.5 내외이다. pH를 전자식으로 측정하는 기계가 있지만, 신뢰할 수 있는 장비는 굉장히 고가이므로 꼭 필요한 상황이 아니라면 시약으로 측정해도 충분하다.

GH_{General hardness}는 일반 경도를 뜻하며, 액체 중 마그네슘과 칼슘의 양을 나타내는 것으로 1경도를 1dGH라고 표기한다. GH의 수치가 높을수록 경수(센물), 수치가 낮을수록 연수(단물)라고 부르며 석회질이 많을수록 경도가 높다. 그리고 토양층을 통과하여 지상으로 올라오는 지하수의 경우 일반적으로 수돗물보다 일반 경도가 높다. 수초에 대한 자료가 부족했던 당시, GH를 낮추어야 한다는 얘기를 많이 들을 수 있었다. 그러나 이 개념은 유럽국가의 석회질 성분이 많은 수돗물을 기준으로 만들어져 우리나라의 상황과 맞지 않다. 오히려 우리나라의 수질은 마그네슘과 칼슘을 공급해야 할 경우가 생기는 편이다.

KH_{Carbonate hardness}는(K는 독일어 **Karbonätharte**에서 차용됨) 탄산경도를 말하며 물에 녹아있는 탄산염과 중탄산염의 양을 dKH로 표기한다. 탄산 경도는 수치가 아니라 pH를 중화시키는 완충용량 _{Alkalinity}이다. 수조에 비료나 화학물질을 계속 투입하면 어느 순간 적정 KH 용량을 초과하게 되어 pH가 변하게 된다.

유용한 지표 TDS

TDS(Total dissolved solids)는 총용존 고형물로, 물속에 녹아 있는 모든 물질의 양을 보여주는 지표라고 할 수 있다. 단위는 ppm으로 수돗물의 기준으로는 300~400ppm은 하급수, 500ppm 이상은 오염된 물로 본다. 탕가니카나 말라위 같은 염기성 수질에서 사는 특수한 어종을 키우는 수조를 제외한 대부분의 담수 수조에는 100ppm 내외가 일반적인 수치이며 수치가 낮을수록 수질을 조절하기 쉬워 관리에 용이하다. 사용하는 수돗물의 TDS를 기준으로 수조의 TDS를 주기적으로 확인하면 수질의 부영양화나 오염 정도를 대략 추측할 수 있을 것이다.

스틱형 디지털 TDS 측정기

pH와 KH로 적정 CO_2 농도 확인하기

수초와 생물을 함께 기르기에 적합한 이산화탄소의 농도는 대략 15ppm에서 30ppm이다. 수초는 50ppm까지 이산화탄소를 공급해도 무방하지만, 수조 안 생물들에게는 치명적이다. 이산화탄소가 과하게 공급되면 생물들은 이산화탄소 중독과 산소 부족으로 수면 위에서 뻐끔거리게 되고, 치사량을 초과하면 숨을 못 쉬고 죽어버린다.

사용하는 원수와 세팅에 따라 pH와 dKH는 각기 다르다. 용존 CO_2 측정기는 pH와 KH 측정기에 비해 상당히 고가이기에 가정에서는 pH와 KH 검사기로 수질을 측정하여 CO_2 농도를 확인할 수 있다.

오른쪽의 수치표를 보자. CO_2의 대략적인 분포를 보면 파란색은 1~10, 녹색은 11~30, 노란색 영역은 31 이상임을 알 수 있다. CO_2는 녹색 범위에 해당할 때 최적의 상태이다. pH와 KH의 수치가 노란색 범위에 해당한다면 pH를 높이거나 dKH를 낮추어 녹색 범위에 들어가도록 해야 하고, 파란색 범위에 해당한다면 pH를 낮추거나 dKH를 높여 녹색 범위에 들어가도록 해야 한다.

하지만 수질을 원하는 대로 바꾸기는 상당히 어렵기에, 공급하고 있는 CO_2의 양을 조절하여 녹색 범위에 해당하도록 하는 것이 용이하다. 만약 파란색 범위에 해당하면 CO_2의 공급량을 늘리고, 노란색 범위에 해당하면 CO_2 공급량을 줄인다.

CO_2 수치표

pH \ dKH	1	2	3	4	5	6	7	8	9	10	11	12	13	14	15	16	17	18	19	20
6.0	30	60	90	120	150	180	210	240	270	300	330	360	390	420	450	480	510	540	570	600
6.1	24	48	72	96	120	143	167	191	215	238	263	286	310	334	358	382	406	429	453	477
6.2	19	38	57	76	95	114	133	152	171	190	209	228	247	266	284	303	322	341	360	379
6.3	16	31	46	61	76	91	106	121	136	151	166	181	196	211	226	241	256	271	286	301
6.4	12	24	36	48	60	72	84	96	108	120	132	144	156	168	180	192	204	215	227	239
6.5	10	19	29	38	48	57	67	76	86	95	105	114	124	133	143	152	162	171	181	190
6.6	8	16	23	31	38	46	53	61	68	76	83	91	98	106	114	121	129	136	144	151
6.7	6	12	18	24	30	36	42	48	54	60	66	72	78	84	90	96	102	108	114	120
6.8	5	10	15	20	24	29	34	39	43	48	53	58	62	67	72	77	81	86	91	96
6.9	4	8	12	16	19	23	27	31	34	38	42	46	50	53	57	61	65	68	72	76
7.0	3	6	9	12	15	18	21	24	27	30	33	36	39	42	45	48	51	54	57	60
7.1	3	5	8	10	12	15	17	20	22	24	27	29	31	34	36	39	41	43	46	48
7.2	2	4	6	8	10	12	14	16	18	19	21	23	25	27	29	31	33	35	36	38
7.3	2	4	5	7	8	10	11	13	14	16	17	19	20	22	23	25	26	28	29	31
7.4	2	3	4	5	6	8	9	10	11	12	14	15	16	17	18	20	21	22	23	24
7.5	1	2	3	4	5	6	7	8	9	10	11	12	13	14	15	16	17	18	19	19
7.6	1	2	3	4	4	5	6	7	7	8	9	10	11	12	13	13	14	15	16	16

■ CO_2 과다
■ 최적 환경
■ CO_2 부족

영양소별 결핍에 따른 증상

사람의 신체에 특정 영양소가 부족하면 질병이나 질환으로 드러나듯, 식물 역시 어떤 영양소가 결핍되어 있는지 잎의 상태를 통해 확인할 수 있다. 만약 빛, 온도, 이산화탄소가 적절하게 공급되고 있고 pH까지 약산성인데도 불구하고, 성장을 하기는커녕 잎의 모양이 바뀐다거나 색이 변한다면 영양소의 결핍을 의심해 보아야 한다. 아래 사진의 색감에서 느낄 수 있는 것처럼 수초가 건강하면 밝고 생기있는 색이 느껴지고, 그렇지 않다면 전체적으로 어두운 색이 느껴진다.

정상적인 수초 상태

복합적인 결핍 상태

그림으로 알아보는 영양소별 결핍 증세

❶ 정상적인 잎
❷ 칼슘 결핍
❸ 철 결핍
❹ 붕소 결핍
❺ 질소 결핍
❻ 인 결핍
❼ 마그네슘 결핍
❽ 칼륨 결핍

❶ **정상적인 잎**

표면에 윤기가 나고 색이 뚜렷하다. 정상적인 상태이지만 환경에 따라 발색이 다르며, 크기와 잎의 모양이 변할 수 있으니 경험으로 각 수초의 특성을 익히는 것이 좋다.

❷ **칼슘(Ca) 결핍 : 새로 나는 잎의 꼬임**

새로 나는 잎이 휘거나 꼬이며 색이 변한다. 줄기는 건강하나 다른 마디에서 새순이 난다. 로탈라속Rotala과 포고스테몬속Pogostemon의 수초들에서 결핍이 많이 일어난다. 칼슘의 경우 국내 수돗물에 적절한 양이 포함되어 있어 결핍이 드물지만 위와 같은 특정 종이나 바닥재의 성향에 따라 발생된다.

- 최적 수준 : 10~30ppm
- 권장 제품 : 아쿠아리오Aquario사의 네오 플랜츠 스트롱neo Plants Strong.

❸ 철(Fe) 결핍 : 새로 나는 잎의 색이 흰색 또는 노란색으로 탈색

철은 흡수량은 적지만 pH나 빛에 의한 불용화로 물에 녹지 않는 상태가 되기에 꾸준히 공급해주어야 한다. 넉넉히 5ppm까지 공급하기도 한다.

- 최적 수준 : 0.5~5ppm
- 권장 제품 : 테트라Tetra사의 크립토Crypto, JBL사의 프로플로라 페로폴Proflora Ferropol.

❹ 붕소(B) 결핍 : 새로 나는 잎의 꼬임

미량 원소의 결핍은 잘 일어나지 않는다. 다양한 미량 원소 중 붕소의 결핍은 육안으로 확인할 수 있는데, 새로 나는 잎이 꼬이고 결국 괴사한다. 붕소는 수돗물에 포함되어 있으며 종합 액체 비료 및 미량 원소 액체 비료에도 포함되어 있다.

- 최적 수준 : 0.05ppm
- 권장 제품 : 트로피카Tropica사의 프리미엄 뉴트리션Premium Nutrition.

Chapter 7. 수초의 영양 관리

❺ 질소(N) 결핍 : 오래된 잎의 색이 노란색으로 탈색

질소는 이동성 원소이기에 오래된 잎부터 결핍 증세가 나타난다. 증세가 심각해지면 새로 나는 잎이 작아지고 노란색, 흰색으로 탈색되며 성장 속도가 느려진다. 만약 수조 전체를 덮을 정도로 수초가 많고, 6개월 이상 유지된 수조가 아니라면 초기 질소 결핍은 드물다.

- 최적 수준 : 10~40ppm
- 권장 제품 : 트로피카Tropica사의
  스페셜라이즈드 뉴트리션Specialised Nutrition.

❻ 인(P) 결핍 : 오래된 잎부터 어두워지거나 타들어 감

질소 결핍 증상과 비슷한 형태를 띠는데, 실제로는 질소 결핍보다 인 결핍이 더 빈번히 일어난다. 붉은 수초의 경우 녹색으로 탈색되고 수초에 따라 검게 변한다. 인은 아주 중요한 영양소이지만 적은 양만 필요하다 보니 적정 수치 유지가 까다롭다. 그래서 액체 비료보다는 바닥에 심는 형태를 사용하는 것이 좋다. 붓 조류의 원인이 되기에 인산염을 제외한 액체 비료라고 광고하는 제품도 있다.

- 최적 수준 : 0.5~2ppm
- 권장 제품 : 아쿠아리오Aquario사의 네오 플랜츠 탭neo Plants Tap.
  인산 액체비료는 급여가 어렵기 때문에 바닥에 투여하는 알약형 비료를 추천한다.

❼ 마그네슘(Mg) 결핍 : 잎맥이 진해지고 잎의 색이 연해짐

수초의 잎맥이 뚜렷하게 진해지고 주변부 잎의 색은 색이 빠진다. 로탈라 로툰디폴리아 Rotala rotundifolia와 일부 수초의 잎에는 가로로 끊어지는 듯한 마디가 생긴다. 마그네슘 결핍은 철분의 흡수를 차단하기 때문에 철분 결핍과 함께 일어나기도 한다.

- 최적 수준 : 5~10ppm
- 권장 제품 : 우리나라 수돗물에는 기본적으로 함유되어 있으며, 화학 비료로는 황산마그네슘을 사용한다.

❽ 칼륨(K) 결핍 : 오래된 잎에서 구멍이 남

칼륨으로 친숙하지만 포타슘 Potassium으로 부르기도 한다. 가장 뚜렷한 증세는 잎에 구멍이 나는 것이고, 오래된 잎이 말리며 가장자리가 노랗게 된다. 다른 영양소에 비해 많은 양을 요구하며 결핍 증상 또한 빈번하게 일어난다.

- 최적 수준 : 5~30ppm
- 권장 제품 : 아쿠아리오 Aquario사의 네오 솔루션 K neo Solution K, ADA사의 브라이티 K Brighty K, 테트라 Tetra사의 이니셜 스틱 Initial Sticks.

영양분 결핍이 극심해지면 새로 나는 잎의 꼬임 현상이 나타날 수 있다. 단순히 잎의 꼬임이 칼슘, 붕소 결핍뿐만의 원인이 아니라 다량 원소(질소, 인산, 칼륨)를 동반하여 복합적으로 결핍이 일어나는 경우가 많다. 충분한 영양소가 있더라도 pH가 적정 수준이 아니거나 중금속 중독, 물고기에 의해서 잎이 손상된 예도 있다. 영양소가 과잉일 때 역시 불균형으로 인한 이상 증상이 나타난다.

　액체 비료나 약품을 정량보다 많이 넣거나 외부 물질이 들어와 수질과 여과 미생물을 불안정하게 만드는 일도 있는데, 평소 수조의 TDS를 주기적으로 테스트하여 정상 상태의 값을 기억하고 있다면 TDS가 높아졌을 때 대량으로 환수 작업을 해주는 것이 좋다.

쿠페아 우트리쿨로사 Cuphea utriculosa의 칼슘 결핍 현상

지표 식물은 무엇일까?

지표 식물이란 다른 식물에 비해 수질에 민감하거나, 특정 영양소를 많이 소비해 결핍증상을 먼저 드러내는 식물을 말한다. 수초에서는 림노필라Limnophila가 철분 결핍이 쉽게 일어나 철분 영양소의 지표 식물이라고 할 수 있다.

칼륨 결핍의 정도를 판단할 수 있게 해주는 케라톱테리스Ceratopteris도 있다. 입문자가 키우기 쉬운 수초로 알려졌지만 케라톱테리스는 환경이 좋으면 빠르게 수초 전체가 공기 방울을 물고 광합성을 하는 식물로 칼륨과 더불어 수조 전체의 컨디션을 점검하기 좋은 수초이다. 칼슘 결핍은 암만니아Ammannia, 로탈라Rotala, 쿠페아Cuphea 같은 부처꽃과Lythraceae의 수초에서 잘 일어난다. 로탈라 마크란드라Rotala macrandra의 경우 영양분을 가장 많이 필요로 하는 식물 중 하나인데, 특히 인산에 대한 지표 식물로 활용할 수 있다.

이러한 지표 식물은 사용하고 있는 물이 어떤 상태인가에 따라 달라질 수 있다. 즉, 수도시설 배관의 노후나 지역의 상수도마다 공급되는 수질이 다르며, 초기에 어떤 돌이나 바닥재로 수조를 세팅하는가에 따라서도 수질이 달라지므로 상황에 맞는 지표 식물을 찾는 것이 중요하다.

수중 환경 상태의 파악과 영양 보충

시중에서 판매하고 있는 수초용 액체 비료는 대부분 좋은 효과를 보여준다. 그러나 물고기를 기를 때 먹이를 너무 많이 주면 다 먹지 못한 먹이가 부패해 수질을 악화시키듯, 과도한 비료 공급은 조류를 발생시킬 수 있다. 따라서 의무적인 비료 공급보다는 평소 결핍증상을 살펴서 상황에 맞게 부족한 영양분은 늘리고, 그렇지 않은 영양분은 줄이는 방법으로 공급하는 것이 좋다.

그러나 육안으로는 수조에 얼마만큼의 양분이 남아있고 또 수초가 양분을 얼마나 흡수하는지 알 수가 없다. 물고기에게 먹이를 주고 남은 사료를 빼내어 주는 것처럼 수초 역시 환수하고 비료를 넣는 것보다 비료를 넣고 환수를 하는 것이 조류 관리에 적합하다.

각각의 영양소를 수초들이 필요로 하는 최고 수치로 맞추는 방법도 있다. 첨부된 그림처럼 영양소를 ppm 단위로 계산하여 최대 투여를 한 뒤 50%씩 환수하여 원하는 수치로 맞추는 것이다. 먼저 설정한 액체 비료를 넣고 50%를 물갈이하여 농도를 반으로 줄인다. 1주일 후 또 정량의 비료를 넣고 50%를 물갈이한다. 이렇게 계속 물갈이를 하다 보면 의도한 만큼의 영양분이 공급될 것이다.

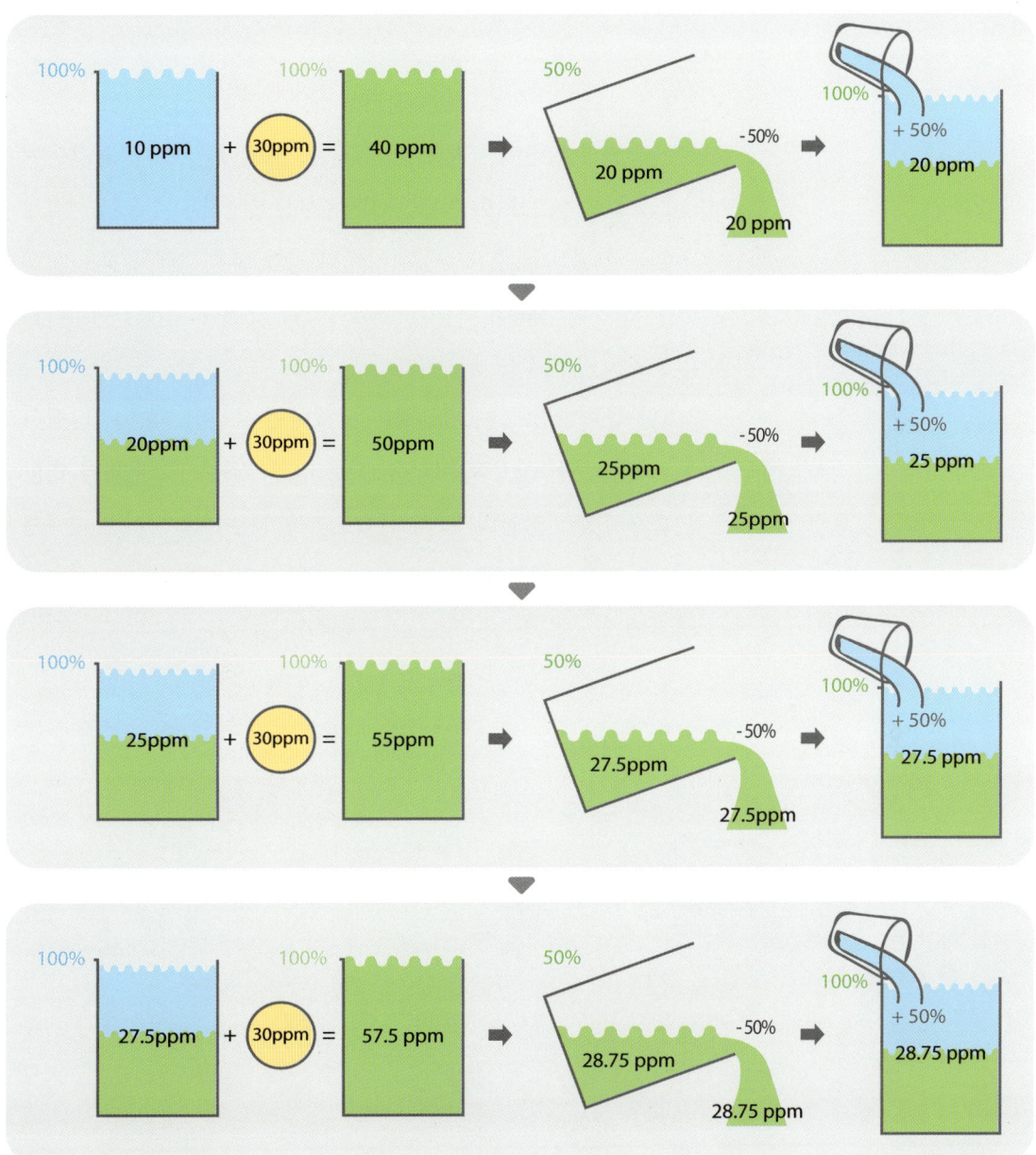

위 그림처럼 계산된 환수를 반복해 목표 수치인 30ppm에 가깝게 만들 수 있다.
비슷한 방법으로 해외에는 'Estimative Index'라 불리는 시비법이 있다.
로탈라 버터플라이 웹사이트(rotalabutterfly.com)에서는 비료, 광량, CO_2 필요량의 계산이 가능하다.

Chapter 8

조류의 관리

조류라고 해서 인간에게 모두 해가 되는 것은 아니겠지만 물생활에서의 조류는 평생 싸워야 할 적과 다름없다. 불행히도 수초가 성장하기에 좋은 환경은 조류가 성장하기에도 적합하다. 그래서 수초가 성장할 수 있도록 도우며, 조류 생성을 예방하고 생긴 조류를 제거하는 일이 수초를 잘 키우는 방법이다.

그러나 물속 영양분에 불균형이 발생하면 조류는 때를 기다렸다는 듯이 영양분을 사용해 버린다. 서로 다른 조류는 각자 다른 영양분을 흡수하며 성장한다. 그래서 수조의 영양분에 일시적인 불균형이 발생하면 그 환경에 맞는 새로운 조류들이 산발적으로 급증하는 것이다.

조류와 이끼의 구분

아쿠아스케이프는 수초뿐만 아니라 돌과 나무에 이끼를 활착해 아름다운 수경을 꾸민다. 그런데 이끼를 구매하기 위해 찾다 보면 한 가지 이상한 점을 발견할 수 있다. 수족관에 가면 이끼를 살리기 위한 조명과 영양제가 있지만, 이끼를 제거하기 위해 사용하는 강력한 약품이 진열되어 있기도 하다. 둘 다 같은 이끼인데 무슨 차이가 있는 것일까?

물생활에서 이끼라고 하면 보통 '기르려는' 대상과 '없애려는' 대상인 이끼 두 가지가 혼용하여 사용된다. 이끼를 영어로는 모스Moss라 부른다. 그러나 제거 대상인 이끼는 조류Algae이며 모스와 구분해야 한다. 이끼는 우거진 숲속의 나무와 돌에 붙어 자라는 초록색 식물을 떠올리면 되고, 조류는 한여름 물이 흐름이 좋지 않은 강 전역에 퍼져 있는 녹색의 물질을 떠올리면 된다.

정확한 구분 방법은 아니지만, 이끼와 조류는 꽃이 피지 않고 포자로 번식하는 민꽃식물이라 말한다. 조류는 식물에 해당하지 않지만 육상생활에 최초로 적응한 생물들로, 예전부터 '꽃이 없는 녹색의 식물'을 흔히 '이끼 식물'이라고 통칭했다. 그래서 조류와 이끼를 구분하지 않고 편하게 모두 '이끼'라고 불렀던 것 같다. 그래서 물생활을 할 때 흔히 부르는 붓 이끼, 실 이끼, 갈색 이끼는 실제로는 조류이므로 붓 조류, 실 조류, 갈색 조류라고 하는 것이 맞다.

다양한 조류

조류는 액체에서 생활하는 단순한 형태의 식물분류군을 말한다. 조류의 종류는 엄청나게 다양하며 유익한 조류도 있고 그렇지 않은 조류도 있다. 우리가 먹는 매생이나 다시마도 조류고, 건강식품으로 알려진 스피룰리나Spirulina도 조류다. 바다의 적조나 일명 '녹차 라떼'로 불리며 한때 낙동강을 뒤덮었던 녹색의 조류들은 지구온난화와 자연 생태 파괴로 인한 조류의 이상 증식의 대표적인 피해 사례이기도 하다. 이렇게 조류는 다양한데, 정확한 분류는 여전히 연구의 대상이다.

투명하고 맑아 보이는 물속에도 다양한 조류가 서식하고 있으며, 조류는 번식할 수 있는 적절한 상황이 되면 급격하게 증가한다. 조류를 완벽하게 제거하기란 불가능하므로 최대한 번식하지 않도록 환경을 조절하는 것이 중요하다. 물고기가 먹어 치우거나 물리적으로 쉽게 제거 가능한 조류도 있지만, 조류의 종류에 따라서는 약품을 사용하기도 한다. 약품으로도 제거하기 어려운 조류가 대량으로 번식한다면 수조 전체를 다시 세팅해야 할 경우도 생긴다.

시중에 다양한 조류 제거제가 있지만 가장 효과가 좋은 염화제이구리Copper(II) chloride, 황산제이구리Copper(II) sulfate 기반의 약품은 유해화학 물질로 분류되어 국내 판매가 금지된 상태이기에 다른 대체제를 찾아 사용해야 한다.

이제부터 물생활에서 통용되는 조류의 명칭과 조류가 발생했을 때 어떻게 관리해야 하는지 알아보자.

갈조류 Brown algae, Phaeophyceae, Diatomaceae

부드러운 갈색 막으로 이루어져 있으며 일반적으로 광량의 부족이나 규산염이 과다하면 나타나고, 광량을 늘리면 사라진다. 새로운 수조에서 물잡이를 하면 가장 먼저 생기는 조류로, 생물들이 먹기도 하며 직접 닦아내면 쉽게 제거된다.

녹조 Green water·Algal bloom, Phytoplankton

물 전체가 녹색으로 변하는 녹조 현상이 생기기도 한다. 일반적으로 수조 환경에서는 직사광선과 같은 광량의 과다로 인해 발생한다. 녹조는 UV 램프로 예방할 수 있고 필터로 걸러내거나 환수를 많이 하면 없앨 수 있지만 API사의 아큐 클리어Accu-clear를 사용하는 것이 가장 빠르다. 재첩 같은 조개류가 먹기도 하는데, 효과적으로 제거하긴 힘들다.

녹점 조류 Green spot algae, Coleochaete

얇고 둥근 녹색 얼룩점 형태의 조류로, 수조 유리나 수초에 붙어 자란다. 수초를 키우기 위해 조명과 비료를 사용하면 필연적으로 생기는데, 아크릴 수조에서는 천 같은 부드러운 패드로 닦으면 되고, 유리 수조에서는 스펀지, 수세미로 닦거나, 실리콘 접한 부위를 피해 면도날이나 칼 또는 플라스틱으로 긁어내면 된다. 벽면의 조류는 수조 아래에서 위쪽을 바라보면 훨씬 잘 보인다.

솜털 조류 Fuzz algae, Ectocarpales

대부분 수조 전체에 분포하며 약 2~3㎜의 짧은 털 모양으로 자란다. 영양이 풍부하고 조명이 있는 수초 수조에 자연스럽게 생기는 편이며 프리츠Fritz사의 알게 클린 아웃algae clean out이나 이지라이프Easylife사의 바이오-엑시트 그린Bio-Exit Green으로 간단하게 제거할 수 있다. 블랙 몰리, 오토싱클루스, 야마토 새우나 알지이터 같은 생물이 잘 먹는다.

붓 조류 Brush algae, Audouinella

검은 색의 솔 형태로 약 2~3㎜의 길이로 자라며, 성장이 느린 아누비아스Anubias나 에키노도루스Echinodorus 같은 잎이 넓은 수초와 수류가 빠른 여과기의 입·출수구에 잘 발생한다. 사료에 들어 있는 인산염이 과잉일 때 발생한다고 알려져 있다. 여러 곳에 다발적으로 번식하기 때문에 물리적으로 완벽하게 모두 제거하기는 힘들며, 약품으로는 시켐Seachem사의 플로리시 엑셀Flourish Excel로 제거할 수 있다.

Chapter 8. 조류의 관리

머리카락 조류 Hair algae, Oedogoninum

실이나 머리카락처럼 가늘고 긴 조류가 다양하게 발생하는데, 이를 대부분 선형 조류 Filamentous algae라고 부른다. 그중 머리카락 조류는 마치 물속에서 머리카락이 움직이는 것과 흡사하며, 서로 엉켜 자라며 공기 방울이 붙어 있는 경우도 있다. 머리카락 조류는 비교적 부드러운 조류이기에 칫솔로 문지르면 쉽게 제거되는데, 방치하면 수조 전체를 뒤덮을 수 있다. 일부 물고기나 새우들이 좋아하는 조류이기도 하다. 프리츠 Fritz사의 알게 클린 아웃 algae clean out을 사용하면 쉽게 제거할 수 있다.

실 조류 등 Green thread algae, Cladophora, Oedogonium etc.

선형 조류 중 실 조류들은 머리카락 조류와 다르게 대부분은 수조에서 자연 발생하지 않는 종이기에 수초나 물고기를 데려온 수족관에서 유입된 것이다. 특히 강에서 채집한 재료와 식물을 수조에 넣었을 때 자주 딸려오는 불청객이다. 가는 실처럼 생겼지만 뻣뻣한 종류도 있고, 부드러운 종류도 있으며 약품을 쓰지 않고는 제거하기 힘들다.

개구리알 조류 Frog spawn algae, Batrachospermum

자연발생 하지는 않지만 외부에서 한 번이라도 유입되면 약을 사용해도 제거하기 힘든 악성 조류다. 사슴뿔 이끼와 비슷해 보이지만 조금 더 흐물흐물하며, 자세히 보면 개구리알과 비슷한 알갱이가 보인다. 개구리알 조류가 유입되면 수조 전체를 교체하는 수 밖에 없으므로 수초는 사전에 믿을 수 있는 업체에서 구매한다.

사슴뿔 조류 Staghorn algae, Compsopogon

마치 사슴의 뿔처럼 가지를 쳐서 성장하며 회색 빛을 띠는 조류다. 약품을 사용하지 않으면 제거가 쉽지 않다. 플로리시 엑셀을 정량보다 과다 사용하거나, 조류가 덮인 수초나 구조물을 꺼내어 희석한 락스에 담근 후 물로 헹구어 내는 방법으로 제거한다.

산호를 뒤덮은 시아노박테리아

수초도, 조류도 아닌 세균류

  흔히 조류로 착각하는 시아노박테리아$_{Cyanobacteria}$는 세균으로서, 바닷물과 민물 모두에서 발생한다. 물생활에서는 '시아노'라고 줄여 부르는 편이다.

  냄새가 나고 미끌미끌한 시아노는 한 번 생기기 시작하면 수조를 점차 덮어가며 빠른 속도로 퍼진다. 시아노의 발생은 수질이 부영양화 상태이며 물의 순환이 잘되지 않고 있다는 증거이다. 물리적으로 제거할 수 있지만 완벽한 해결책은 아니며 수조 환경이 그대로 유지되는 한 재발 확률이 높다. 세균이기 때문에 항생제인 에리트로마이신$_{Eerythromycin}$을 넣으면 제거되지만, 유익한 미생물들까지 죽게 되어 여과 사이클에 문제가 생길 수 있다. 게다가 에리트로마이신은 예전엔 의약품으로 쉽게 구할 수 있었지만, 현재는 의약 관련 법규로 인해 구하기가 힘들다. 얼마 전까지 국내에서 사용할 수 있는 유일한 제품이었던 울트라라이프$_{Ultralife}$사의 블루 그린 슬라임 스테인 리무버$_{Blue-Green Slime Stain Remover}$ 역시 성분 문제로 판매가 금지되어 이마저 구매할 수 없게 되었다. 효과가 빠르진 않지만 현재 구매할 수 있는 제품은 이지라이프$_{Easylife}$사의 바이오 엑시트 블루$_{Bio-Exit Blue}$가 있다

  비용이 적게 드는 해결 방법으로는 약국에서 구할 수 있는 과산화수소수$_{H_2O_2}$를 주사기에 넣고 시아노박테리아가 있는 곳에 뿌리는 방법이 있다. 그러나 재발하는 경우가 많고 수질에 영향을 끼칠 수 있으며 소일과 반응하여 거품을 발생시키다 소일을 가루로 만들어 버리기도 한다.

수초 갤러리

Aquarium plants gallery

각 수초에 대한 자세한 정보는 네이버카페 <수초문화원>의
"CITES의 수초도감" 게시판에서 확인하실 수 있습니다.

수초문화원

Aciotis acuminifolia

Anubias barteri var. glabra 'marble'

Ammannia gracilis

Anubias barteri var. glabra

Ammannia senegalensis

Anubias barteri var. nana 'marble'

Anubias barteri var. nana 'petite'

Arthraxon hispidus 'red'

Anubias barteri var. nana 'round'

Bacopa caroliniana

Aponogeton madagascariensis

Bacopa monnieri

수초 갤러리

Bacopa salzmannii

Cabomba sp. 'silver'

Bacopa serpyllifolia

Cardamine lyrata

Bacopa sp. 'colorata'

Cephalomanes thysanostomum

Ceratophyllum demersum

Clinopodium brownei

Ceratopteris sp. 'laos'

Crassula helmsii

Ceratopteris thalictroides

Cuphea anagalloidea

Diodia kuntzei

Elatine hydropiper

Eichhornia azurea

Elatine sp. 'ratnagiri'

Eichhornia diversifolia

Eriocaulon cinereum

Eriocaulon quinquangulare 'red'

Hemianthus callitrichoides

Eriocaulon setaceum

Hemianthus glomeratus

Gratiola japonica

Heteranthera zosterifolia

Hydrilla verticillata

Hydrocotyle tripartita

Hydrocotyle leucocephala

Hydrotriche hottoniiflora

Hydrocotyle ramiflora

Hygrophila odora

Hygrophila pinnatifida

Hygrophila sp. 'purple'

Hygrophila polysperma 'rosanervig'

Hygrophila sp. 'vietnam'

Hygrophila sp. 'araguaia'

Hyptis lorentziana

Limnophila heterophylla

Limnophila sessiliflora

Limnophila hippuridoide

Limnophila sp. 'belitung'

Limnophila repens

Limnophila sp. 'guinea'

Limnophila sp. 'japan'

Lindernia sp. 'daytona'

Limnophila sp. 'orange'

Lindernia sp. 'india'

Lindernia rotundifolia

Lobelia cardinalis

수초 갤러리 211

Ludwigia arcuata

Ludwigia inclinata 'green'

Ludwigia glandulosa

Ludwigia inclinata 'red'

Ludwigia helminthorrhiza

Ludwigia inclinata var. verticillata 'cuba'

Ludwigia inclinata var. verticillata 'pantanal'

Ludwigia palustris

Ludwigia Inclinata var. verticillata 'pink'

Ludwigia repen × Ludwigia arcuata

Ludwigia ovalis

Ludwigia repens

수초 갤러리

Ludwigia senegalensis

Ludwigia sp. 'rubin'

Ludwigia sp. 'heidenreich'

Ludwigia sp. 'super red'

Ludwigia sp. 'mexico'

Ludwigia sphaerocarpa

Lysimachia nummularia

Micranthemum sp. 'monte carlo'

Marsilea crenata

Micranthemum umbrosum

Mayaca fluviatilis

Microcarpaea minima

Murdannia sp. 'guinea'

Myriophyllum scabratum

Myriophyllum aquaticum

Nesaea pedicellata

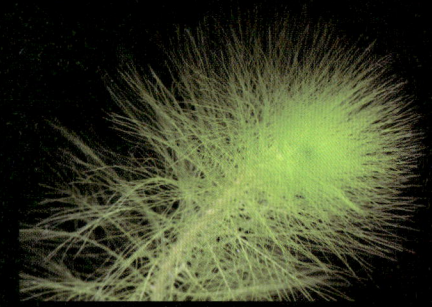
Myriophyllum propinquum

Nymphaea zenkeri

Nymphoides aquatica

Persicaria sp. 'sao paulo'

Nymphoides hydrophylla

Pogostemon erectus

Oldenlandia salzmannii

Pogostemon helferi 'red vein'

수초 갤러리 217

Pogostemon pumilus

Polygonum praetermissum

Pogostemon sp. 'sindhudurg'

Polygonum sp. 'chanthaburi'

Pogostemon stellatus

Potamogeton malaianus

Potamogeton perfoliatus

Ricciocarpos natans

Proserpinaca palustris

Rotala indica

Riccia fluitans

Rotala macrandra 'green'

Rotala macrandra 'green narrow'

Rotala mexicana

Rotala macrandra 'red'

Rotala rotundifolia

Rotala macrandra 'variegated'

Rotala sp. 'cambodia'

Rotala sp. 'colorata'

Rotala sp. 'hong kong'

Rotala sp. 'dwarf'

Rotala sp. 'kalady'

Rotala sp. 'hà ra'

Rotala sp. 'maka red'

Rotala sp. 'nanjenshan'

Rotala sp. 'vietam'

Rotala sp. 'pearl'

Rotala wallichii

Rotala sp. 'sunset'

Salvinia natans

Staurogyne sp. 'porto velho'

Utricularia graminifolia

Syngonanthus macrocaulon

Utricularia japonica

Tonina fluviatilis

Vallisneria natans

아쿠아스케이프 클래스

제1판 1쇄 2022년 3월 3일
　　 2쇄 2023년 1월 27일

지은이 | 김상현
펴낸이 | 홍순제
펴낸곳 | 주식회사 성신미디어
본　사 | 경기도 파주시 조리읍 전지미말길 101-10
출판사업부 | 서울시 영등포구 양평로28가길 6 (양평동6가 9-1)
전　화 | 02-2671-6796　　팩　스 | 02-2635-6799
등　록 | 제216-00025호　　ISBN | 979-11-90917-07-0 03520

기획 및 총괄 | 홍현표　　책임편집 | 이수민
디자인 총괄 | 노희성　　삽화 | 황하늬　　수초 갤러리 사진 제공 | 김상현

이 책에 대한 의견이나 오탈자 및 잘못된 내용의 수정 요청은 아래 이메일로 알려주십시오.
잘못 만들어진 책은 구입하신 곳에서 교환해 드립니다.
홈페이지 | www.sungshinmedia.com
이메일 | book@sungshinmedia.com

Published by SUNGSHIN MEDIA, Inc. Printed in Korea
저작권법에 의해 보호를 받는 저작물이므로 무단 전재와 복사를 금합니다.